신과
인간에
대하여
of
GOD
and
MAN

신과 인간에 대하여
세계의 불확실성과 종교 내 공존에 관한 바우만의 대담

초판 1쇄 펴낸날 2016년 7월 30일

지은이 지그문트 바우만·스타니슬라우 오비렉
옮긴이 조형준
펴낸이 이건복
펴낸곳 도서출판 동녘

전무 정락윤
주간 곽종구
책임편집 박은영
편집 이정신 최미혜 이환희 사공영
미술 조하늘 고영선
영업 김진규 조현수
관리 서숙희 장하나

인쇄·제본 영신사 **라미네이팅** 북웨어 **종이** 한서지업사

등록 제311-1980-01호 1980년 3월 25일
주소 (10881) 경기도 파주시 회동길 77-26
전화 영업 031-955-3000 편집 031-955-3005 **전송** 031-955-3009
블로그 www.dongnyok.com **전자우편** editordongnyok.com

ISBN 978-89-7297-773-5 03210

• 잘못 만들어진 책은 바꿔드립니다.
• 책값은 뒤표지에 쓰여 있습니다.
• 이 도서의 국립중앙도서관 출판시도서목록(CIP)은 서지정보유통지원시스템 홈페이지 (http://seoji.nl.go.kr)와
  국가자료공동목록시스템(http://www.nl.go.kr/kolisnet)에서 이용하실 수 있습니다.(CIP제어번호: CIP2016017517)

세계의 불확실성과
종교 내 공존에 관한
바우만의 대담

신과 인간에 대하여

지그문트 바우만
스타니슬라우 오비렉 지음
조형준 옮김

동녘

차례

일러두기

1. 맞춤법 및 외래어 표기는 국립국어원의 용례를 따랐다.
2. 원서 내 강조는 굵은 활자로 표기했다.
3. 원서의 주는 약물, 옮긴이 주는 괄호〔 〕로 표기했다.

서문 - 실천적 대화를 향해

이 책은 대화에 대한 대화이다. 우리 시대의 대화를 항해에 비유하자면, 항해를 결코 쉽게, 매끄럽게, 고요하게 만들어줄리 없는 수중 암초들이 대화의 대부분을 차지하고 있다. 우리 시대는 숙달된 대화와 대화를 나누는 것을 점점 더 절대적 요청이자 시급한 과제로 요구하고 있다. 인류사의 어느 때보다도 더 그러할 것이다.

이 책은 몇 년 전에 시작된 편지 교환에서 태어났다. '대화가 절대적으로 필요하다'는 의식은 당시 이제 막 싹을 틔워 많은 사람에게 인정과 승인을 받아 대중적 의제에 오르기 위해 기를 쓰고 있었다. 지금은 대중적 의제에서 중심적인 역할을 하고 있지만 말이다. 그러한 의식은 지금 전례 없는 탄력을 얻어 프란치스코 교황˙의 개인적 영향 하에 대중의 첨예한 관심을 얻은 바 있다. 교황은 베르고글리오Jorgé Maria Bergoglio라는 이름의 아르헨티나 주교였을 때 (부족들 사이의, 교회들 사이의, 정치 엘리트와 일반 대중hoi polloi 사이의) 의사소통의 단절에 따른 위험을 경고하면서 편견과 선입견 없이 열려 있고 (투쟁적인 것과는 다른) 협력적

˙ 2013년 3월 16일에 바티칸에서의 기자회견에서 왜 '프란치스코'를 교황 이름으로 선택했는지를 묻자 교황은 성인 프란치스코는 "가난한 교회를 원한 가난한 사람이었기" 때문이라고 대답했다.

인 대화를 인간이 평화롭고 호혜적인 공존에 이르는 왕도로 제안한 바 있었다. 교황은 2010년에 발표한《하늘과 땅 위에Sobre el cielo y la terra》에서 "대화하려면 방어를 느슨히 하고, 문을 열고 인간적 온기를 제공해야 한다"고 지적했다. "하느님의 종족의 가장 위대한 지도자들은 의문의 여지를 남긴 사람들"이었으며 "의식의 진정한 성장은 오직 대화와 사랑의 실천 위에서만 기반을 얻을 수 있다." 그리고 2003년 4월 9일에 발표한 〈교육 공동체들에 보내는 연두교서〉에서는 "창조적 존재들은 '유일하게 가능한 길'로 자임하는 모든 담론, 사상, 단언, 제안을 의심하는 것을 과제로 삼아야 한다. 항상 다른 길이 존재한다. 항상 다른 가능성이 존재한다."●

이 책에서 재생된 대화는 25년이라는 긴 역사를 갖고 있다. 이 책의 뿌리는 바우만보다 30세나 어리며 당시 젊은 예수회 사제이자《영적 삶Zycie Duchowe》●●의 편집자일 뿐만 아니라 이미 저명한 신학자이자 역사가이자 인류학자였던 오비렉이 '신앙이 없는 사람들과의 대화'라는 시리즈(그는 이 과정 전체를 지휘하고 나중에는 책으로 출판했다)를 시작하면서 바우만에게 글을 청탁

● 앞의 인용문은 모두《교황 프란치스코의 말씀Pope Francis in His Own Words》(Julie Schwietert Collazo and Lisa Logak, William Collins, 2013)에서 따온 것이다.
●● 폴란드의 일간지 〈선거 일보Gazeta Wyborcza〉와 가진 인터뷰(2013년 12월 17일자에 실렸다)에서 오비렉은 이렇게 털어놓고 있다. "예수회 교단에 가입해 서품을 받을 때 저는 제가 제 삶에서 가장 잘한 일을 하고 있다는 확신이 들었습니다. 교단을 떠나 교구를 떠날 때도 똑같이 느꼈습니다."

한 데 있다. 오비렉의 말을 빌리자면 "우리가 사는 두 세계의 차이가 너무 흥미롭게 보여 두 세계를 병치한 후, 얼굴을 마주보고 대화를 나누기로 결정했습니다. …… 스스로를 반성해보고 각각의 삶의 궤적을 결산해보기 위해 과거를 돌아보게 된 우리는 지금 실제로 일어나는 일과 과거에 일어났던 일에는 다른 대안들이 존재한다는 것을 믿게 되었습니다." 바우만은 20년 후 신과 인간에 대한 이 대화를 시작하게 되었을 때 깨닫게 된 바를 설명한다. "우리는 우리의 정신적 고민들, 그것들을 극복할 수 있으리라는 희망, 상이한 지적·제도적 틀 속에서 영혼을 정화하기 위한 각자의 전망을 일일이 기록했습니다. 우리가 따르게 된 경로들의 논리, 또한 인생의 여정에서 겪게 되는 경험들은 제 생각으로 깜짝 놀랄 정도로 비슷했습니다. 상이한 관점에서 출발했지만 그럼에도 같은 곳에 이르게 되었죠."

이 책은 대화 이론과 실천의 실전편이다. 어떻게 하면 인간이 함께할 수 있느냐를 찾아보려는 것이다. 그에 따른 위험과 함정만큼 약속할 만한 확실한 혜택도 풍성하게 마련해줄 수 있는 형태의 것을 말이다. 이 책은 보다 편안한 삶은 약속해줄 수 없을지 몰라도 보다 자의식적이고 자제력 있는 삶은 분명히 약속해줄 수 있을 것이다. 그리고 자신을 보다 잘 이해하는 것이 우리 삶에 얼마나 큰 이익을 가져다주는지도 함께 보여줄 것이다.

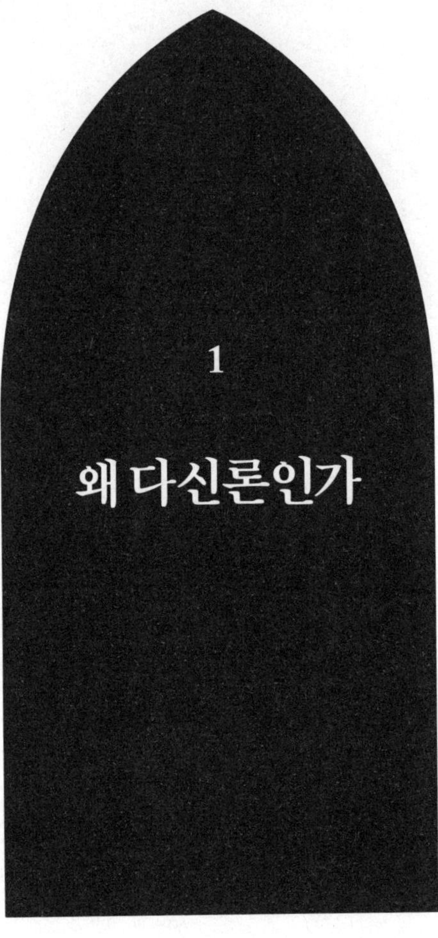
1
왜 다신론인가

오비렉 우리가 불가지론에 이른 길은 달랐습니다. 여러 해 동안 저는 체제 안에서 버텼습니다. 체제의 한계를 알면서도 말이죠. 체제 내부에서 변할 수 있으리라는 믿음이 있었죠. 신앙을 잃을 때까지는 말이죠. 이제 저는 종교 바깥에 있지만 종교 안에서 벌어지는 일을, 특히 공론장에서 종교가 어떻게 기능하는지를 큰 흥미를 갖고 지켜보고 있습니다. 종교와 관련한 당신의 전기적·지적 모험은 저와는 다른 배경에서 나왔습니다. 그럼에도 종교에 관해 당신이 쓴 글의 내용과 방식은 대단히 흥미롭습니다. 종교에 관해 보다 체계적인 방식으로, 그러니까 당신의 지적 전기와 보다 긴밀하게 결부시켜 당신의 견해를 들려주셨으면 합니다. 이런 밑그림을 그리고 우리 대화를 시작해볼까요?

바우만 불가지론에 이른 우리의 길이 그렇게 달랐을까요? 그럴 수도 있을 것입니다. 종교, 그리고 우리가 한계를 인식하고 있지만 ‘내부에서 변할 수 있으리라고 믿었던’ 교회가 달랐으니까 말이죠. 하지만 경로상의 차이가 그것에만 국한되었을까 하는 의문이 듭니다. …… 우리는 우리의 정신적 고민들, 그것들을 극복할 수 있으리라는 희망, 상이한 지적·제도적 틀 속에서 영혼을 정화하기 위한 각자의 전망을 일일이 기록했습니다. 하지만 우리가 따르게 된 경로들의 논리, 인생의 여정에서 겪은 경험들은 제 생각으로 깜짝 놀랄 정도로 비슷합니다.

게다가 — 여기서는 이 '게다가'가 중요한데 — 상이한 관점에서 출발했지만 결국 같은 곳에 이르게 되었죠. 우리는 처음부터 서로를 이해하고 있지 않았나 생각합니다. 둘 다 상대방의 글이 '흥미진진'하다고 생각했으니까요. 우리의 정신적 경로가 비슷한 두려움, 비슷한 갈등, 비슷한 갈망에 의해 표시되어 왔을 것이기 때문입니다. 그것들은 의식의 심층에 잠겨 있거나 무의식 속에 감추어져 있었습니다. …… 그리고 독백에서 대화와 다중적 대화에 이르는 길, 단 하나의 진리의 소유자라는 맹목적 오만으로부터 …… 그렇죠, 정확히 **다신론**에 이르는 길이기도 했습니다. 지나간 일을 회고하면서 제 자신에게 이렇게 설명했습니다. 당신이 언급한 '한계'는 자기가 생각하는 진리의 참호 속에 단단히 자리 잡고 다른 어떤 진리나 자기의 진리와 충돌하는 모든 것, 자기가 믿는 진리의 무오류성과 도덕적 올바름을 확신하지 못하는 모든 사람에게 문을 닫은 다음 반체제 분자들에게 저항할 권리를 거부하며, 다른 이념이나 신조를 고수하는 사람들을 경멸하고, 추방하고, 궁극적으로 절멸시키는 사람들에게서 유래합니다. 그렇게 해서 쾅하고 닫힌 문 위에는 이러한 단언이 새겨지지요. '만약 신이 존재하지 않는다면 모든 것이 허용될 것이다.' 이렇게 말하는 것이 사실에 부합할 테지만 말입니다. 즉 '만약 하나의 신만 존재한다면 이 신을 믿는 사람들은 그러한 확신을 결여하거나 거부하는 사람을 어떤 식으로 다루어도 좋다고 확신하게 된다'고요.

간단히 말해 불가지론(제 생각으로는 저뿐만 아니라 당신도 이와 비슷한 것을 따르고 있지요)은 종교나 심지어 가톨릭교회의 반명제가 아닙니다. 유일신론과 닫힌 교회의 반명제이지요.

오비렉 그러면 첫 번째 질문을 한 셈이고 그에 대해 대답해주신 셈이군요. 적어도 저는 처음하는 질문이 가장 어려웠는데요. 심보르스카야Wislawa Szymborska의 매력적인 노벨문학상 수상 연설의 첫 문장처럼 말이죠. 첫 번째 질문 다음에는 보다 쉬울 것입니다. 당신이 우리의 삶 속에서 그처럼 의미심장한 수렴 현상을 발견한 것이 제게 얼마나 큰 기쁨을 주는지 감추지 않겠습니다. 이 문제를 종종 거론하게 될 것입니다. 아주 다르지만 우리 두 사람이 공유하고 있는 유일신론을 틀 짓는 당신의 방식이 정말 마음에 듭니다. 저는 다신론보다는 오히려 다성음에 대해 더 많이 이야기하게 될 것입니다. 결국 불가지론은 그리고 이 경우 자제自制는 한 명의 신을 다루고 있는지 아니면 여러 신을 다루는지 우리는 모른다는 것을 입증해주기 때문입니다. 심지어 도대체 여러 신이 존재하는지조차 말하기 어렵습니다. 대답 불가능한 이러한 질문들은 한쪽으로 제쳐놓고 당신이 제시한 주목할 만한 아포리즘(금언이나 격언 또는 경구)에 대해, 즉 하나의 신만 존재한다면 이 신을 믿는 사람들은 그러한 확신을 결여하거나 거부하는 사람들을 어떤 식으로 다루어도 좋다고 확신하게 된다는 아포리즘에 대해 좀 더 자세히 말씀해주시기 바랍니다. 실제로 당신은 (종교적 유일신론인지 아니면 세속적 유일신론인지 하는 문제는 일단 제쳐두고) 그런 식으로 유일신론의 무자비한 전진을 보고 계신 건지요? 그러한 경우 진리를 발견하려는 욕망, 그것을 발견하는 것의 기쁨, 타자들에게 그것을 설득시키고 싶은 절박한 욕망이 진화해온 연대기를 대표하는 슬로건은 무엇이 될 수 있을까요?

바우만 지에바Maciej Zięba는 인간의 공존 형태를 묘사하기 위해 '진짜 사회verital society' 개념을 사용하는데, 거기서는 집단의 삶뿐만 아니라 개인의 삶 전체가 요람에서 무덤까지 "보편적으로 승인된 초월적 진리"[1]를 중심으로 조직됩니다. 어떤 형태의 삶을 염두에 두고 있는지를 분명히 하기 위해 그는 서둘러 "그것은 아즈텍인들과 마사이족뿐만 아니라"(앞서 설명한 대로 기독교왕국Christianitas이라는 알쿠이누스Alkuin의 프로젝트) "마르크스와 모택동 추종자들 또는 물리학과 유전학의 무비판적인 유사-종교적 신자들에게도 해당된다"고 덧붙입니다. 저는 여기에 GDP, 경영학이나 컴퓨터 과학을 무비판적으로 유사-종교적으로 믿는 사람들을 덧붙이겠습니다. 이 모든 경우 신은 하나입니다. 이러한 공통의 특성이 그것들을 나누는 차이들, '보편적으로 승인된 초월적 진리〔들〕', 기원이나 원천의 다양한 이름과 이미지들을 하찮게 만듭니다. 모든 '진짜 사회'는 다양한 방식의 삶과 그것의 권위에 반대하는 것들과 전쟁을 벌이고 있습니다. 그러한 사회는 모두 선/악, 미덕/악덕, 장점/단점, 정통/이단, 신앙/토속 신앙, 진리/비진리의 경계선을 그릴 수 있는 독점권을 큰 소리로 요구합니다. 지에바는 모젤레프스키Karol Modzelewski의 연구서인《야만적 유럽Barbarzyńska Europa》에서 아래 문장을 인용합니다. "기독교 선교사들과 마주친 야만인들을 공포로 가득 채운 것은 단지 낯선 신뿐만이 아니었다. 유일신론에 대한 요구도 그들을 공포로 떨게 했다. 이교도들이 하느님을 자신들의 판테온에 추가할 의향이 있었으며, 하느님의 존재나 힘을 의무시하지 않았다는 증거는 얼마든지 찾아볼 수 있다. …… 단순한 세례는 그들을 겁에 질리게 하지 않았다. 그들을 공포에 질리게 한 것은 새로운 믿음을 받아들이면 오래된 의식이 파괴될지도 모른다는 두려움이었다."[2] 다른 한편 연대기들, 그리고 그에 대한 역사학자들의 해석에 따르면 정복된 지역의 신들을 로마제국의 판테온에 추가하는 정책을 추진한 로마제국의 황제들은 별다른 어려움 없이 새로 정복한 민족들의 복종을 확보할 수 있었습니다. 그러한 규칙에 유일한 예외가 있다면, 모두 잘 아는 대로 유대 지방이었습니다. 그곳은 부단한 반란과 저항의 부화장이었죠. 그곳은 로마제국의 영토 중 '유일한 한 분의 참된 하느님'이라는 생각의 유일한 도피처였습니다. 그곳 사람들은 자신들의 신을 다른 신들 사이에 놓는 것을 받아들일 수 없었는데, 그들에 따르면 다른 신들은 **다르다는 이유** 하나만으로도 신이라는 왕좌를 차지할 수 없는 존재들이었으니까요.

이것을 다성음多聲音 또는 다신론이라고 부르도록 하지요. 이 현상은 다성음이 창조되기 훨씬 오래 전부터 알려져 있었죠. 뭐라고 부르던 그러한 생각은 인간 존재의 상이한 양식들의 평화로운 공존과 결부되어 있었습니다. 이에 반해 유일신론은 그러한 양식들의 골육상잔적인 투쟁과 맞짝을 이루고 있습니다. 그것은 박멸 또는 절멸을 위한 투쟁이었습니다. 그리고 '진리'의 경우 거기에 '하나의'라는 단어가 덧붙여져 있던 그렇지 않던 '유일하다' 또는 그러한 요구가 암시되어 있는 것을 부정하기 어렵습니다(심지어 '하나의 진리'라는 말은 '버터 같은 버터'처럼 일종의 췌언이라고까지 말하고 싶어지는군요). '진리'라는 생각은 불가지론적인 것입니다. 이 말의 양도할 수 없는 속성에서는 말이죠. 오직 반대되는 것과의 만남을 통해서만 출현할 수 있는 개념인 것이죠. 특정한 확신이 명백한 것이기를 그치는 순간이 그러한 것이 될 수 있습니다(엄밀하게 말해 대안적이거나 경쟁적인 생각과 충돌함으로써 눈에 띄지 않는 안개 속에 가려져 있던 상태에서 끌려나오는 것이죠). 하이데거의 용어를 빌리자면 전에는 명시화되지 않았던 확신(아무런 도전도 받지 않고 명백한 것으로 간주되는 것을 명시화할 이유가 무엇이겠습니까?)이 손 안의 것_{zuhanden}의 영역에서 눈앞의 것 vorhanden(손안의 것이 도구적·실천적 존재라면 눈앞의 것은 이론이나 과학의 대상이 되는 존재를 가리킨다)의 영역으로 떠밀려 올라갈 때가 그러한 순간이라고 할 수 있습니다. 그러면 질문의 대상이 되고, 관심의 초점이 됨으로써 탐구와 행동을 촉구하는 것이죠. '진리'라는 개념은 믿음과 관점의 다성음이나 다수성 없이 아무 의미도 없습니다. 경쟁에 대한 유혹이나 경쟁자들 사이에서 지배권을 얻기 위한 투쟁이 벌어지는 것은 이 때문이지요. 그러한 개념에 대한 요구는 '사실은 이렇다'는 주장이 '다른 사람들(그들이 누구든지 말이죠) 생각은 달라'라는 유보조항에 의해 보충될 필요가 있을 때 나타납니다. '진리'는 **유일신론**, 궁극적으로 **독백의 어휘들**에서 편안함을 느끼죠.

《성경》으로부터 우리는 하나의 신은 유일하다는 그 속성 덕분에 모세에게 "나는 곧 나다(〈출애굽기〉, 3장 14절)"라고 대답할 수 있음을 알 수 있습니다. 신이라는 지위를 놓고 경쟁하는 다른 모든 신들은 보통 사람처럼 고유명으로 불립니다. 그들의 종차_{diffrentia specifica, 種差}는 하나의 성원 이상을 포함하는 의미론적 어족을 갖거나 그것을 표시합니다. 하지만 모세의 신은 이름이 없는데 《성경》에서 그것이 유일한 예외입니다. 그리고 생각 가능한 유일한 예외지요. 유일한 존재자로 존재하는 한 굳이 고유명은 필요 없을 테니까요. '진리'라는 생각은 일종의 〈마녀 철퇴Malleus Maleficarum〉〔도미니코회의 〈종교 재판관의 지침서〉를 원형으로 만들어진 마녀 심문서〕입니다. 이 철퇴는 1487년의 크라머Heinrich Kramer의 논고와는 달리 마녀가 아니라 불신자와 의혹을 품은 사람들을 겨냥하고 있습니다. 선교사들과 《성경》의 하느님의 옹호자들은 종교적으로 다원주의적 환경에 처하면 하느님의 **진리**(이 말은 '모든 경쟁자들의 비진리/오류'라고 읽어야 하겠지요)를 주장하지 않을 수 없었습니다. 아마 종교 전쟁들은 진리 추구에서 유래했을 것입니다. 내가 믿는 진리에 대한 증거를 찾아 내 자신에 대한 도전을 물리친다는 것을 목표해온 것만큼은 분명합니다.

칼라루스Maciej Kalarus〔폴란드의 자동차 여행가로 전 세계를 여행하며 인류 문명의 여정을 더듬는 것을 비롯해 세계의 분쟁 지역들을 탐사하고 있다〕는 우리의 다성음적 세계에서는 예외적으로 엄격한 학자로 리포터나 전문 연구자들에 의해서는 좀체 다루어져 본 적이 없는 우리 세계의 구석구석을 지질 줄 모르고 용감하게 관찰해온 사람입니다. 그는 '진리'라는 말을 '가위〔들〕', '고글〔들〕' 또는 '바지〔들〕'과 비슷하게 오직 복수형으로만 사용할 것을 주장합니다(동일한 이유로 또한 그러한 사용을 용인할 수 있는 생활세계Lebenswelt를 요구합니다). 실제로 다성음적 세계에서 '진리'를 단수로 사용하는 것은 한 손으로 박수를 치려고 하는 것과 같습니다. …… 한 손으로는 다른 사람의 머리를 때릴 수는 있어도 박수는 칠 수 없습니다. 유일한 진리로 폭력을 행사할 수는 있지만(그리고 적수들을 때리기 위해 그러한 진리가 고안되었지요) 인간적 조건에 대한 탐구를 개시하기 위해 사용할 수는 없습니다(그러한 탐구는 본성 자체상 **오직 대화를 통해서만** 다른 대안들이 존재한다는 전제 하에 이루어져야 합니다). 신-회의론 학파에 속하는 독일 철학자 마르크바르드Odo Marquard는 반농으로 의심Zweifel이라는 독일어를 둘Zwei라는 숫자에서 끌어내며 이렇게 말합니다.

《성경》과 관련해 논쟁을 벌이던 두 해석자가 "내가 맞아. 내《성경》이해가 진리야. 실제로 구원을 위해 필요한 것은 바로 이것이지 다른 것이 아니야"라고 주장한다면 그것은 한바탕 소동과 드잡이로 이어질 것이다. …… 《성경》이 결국 또 다른 방식으로, 그와 또 다른 방식으로, 그리고 계속 이어 또 다른 방식들로 이해될 수는 없을까?[3]

마르크바르드는 '다원적 해석학'으로의 전환을, "내 것이 유일한 진리라는 완고한 집착"에 의존하는 관계를 "해석적 관계"로 대체할 것을 촉구하고 있습니다. 마르크바르드에 따르면 그것은 "살해를 위한 존재das Sein zum Totschlage"를 텍스트를 위한 존재로 대체하는 것을 의미하는데, 저는 그의 주장에 동의하고 싶어집니다. "그러한 움직임은 옵이 들려주기로는 아모리Arnaud

Amaury 또는 몽포르Simone de Monfort[13세기의 시토파 수사로 이단심문관 겸 교황 특사, 알비 십자군 사령관을 지냈다. 알비 십자군을 끌고 베지에 공성전을 지휘하던 도중 "사령관님, 적들 중에서 알비, 카타리파와 가톨릭을 어떻게 구분하지요?"라는 물음에 "Caedite eos. Novit enim Dominus qui sunt eius / 싹 다 죽여라, 하느님께서는 자기 자식을 알아보신다"라는 말로 어두운 이름을 역사에 남겼다. 그리고 베지에의 함락 후 말 그대로 모든 사람을 다 죽였다. 사망자는 2만 명에 달했다)와 같은 다양한 사람들이 했다는 말("싹 다 죽여라! 하느님께서는 자기 자식을 알아보신다Caedite eos! Novit enim Dominus qui sunt eius")의 여지를 전혀 남기지 않을 것입니다.

오비렉 종교 다원주의에 대해 이야기해볼까요? 당신은 성스러운 텍스트 또는 그렇게 간주되는 텍스트들에 접근할 때 마르크바르드가 요구한 '다원적 해석학'을 언급하셨습니다. 그러한 호소는 제 마음에 꼭 드는데요. 지난 몇 년 동안 저는 그러한 텍스트들에 대한 주해에서 그 입장을 발견하고는 (즐거운 마음으로) 크게 놀랐습니다. 잘 아시는 대로 소위 '유일신론적' 종교들도 결코 자신들의 다원주의적 토대들을 잊고 있지 않죠. 오히려 그것들은 다양한 방식으로 목소리를 들려주어왔지요. 특히 저는 기독교, 구체적으로 정교회와 가톨릭을 생각했습니다. 유일신론의 순수성을 훼손시키는 것으로 간주되는 것에 맞서 싸웠던

신교는 성인 숭배, 성화, 그런 식으로 잃어버린 다원주의, 심지어 다신론으로 돌아가려는 움직임에 반대했기 때문입니다. 예를 들어 몇몇 성인이 하느님이나 예수보다 역사적으로 더 중요했던 것이 사실 아닙니까? 다양한 방식으로 발달된 마리아 숭배는 유일신적 순수성의 온갖 까다로운 제약을 피해올 수 있었습니다. 특히 마리아 성역과 조상彫像의 '합법화'는 제가 보기에는 기독교라는 종교의 발달이라기보다는 오히려 체념의 표현이었습니다. 텍스트들에 대한 논의로 돌아가기로 하죠.

히브리 《성경》부터 논의를 시작해보겠습니다. 당신 말씀대로 신성을 유일성 쪽으로 인도한 주요한 책임을 져야 하는 것은 여러모로 유대교인 것이 사실이기 때문입니다. 하지만 상황은 그렇게 분명하지는 않습니다. 예를 들어 하느님의 '인간성'에 대해 논하는 주목할 만한 저서(《하느님의 인간성, 《성경》 신학, 인간의 신앙과 성스러운 이미지The Personhood of God, Biblical Theology, Human Faith and the Divine Image》)에서 머프스Yochanan Muffs(1932~2009, 뉴욕의 유대 신학교의 성경과 종교 담당 교수를 역임했다)는 신성한 존재의 복잡성을 가리키고 있습니다. 이 저자는 히브리 《성경》의 하느님은 아리스토텔레스의 부동의 동자가 아닐 뿐만 아니라 온화함을 부여받은 살아 있는 절대자로 유대인의 《성경》을 비추고 있음을 보여줍니다. 간단히 말해 머프스의 분석으로부터 나오는 하느님의 이미지는 충격적이지만 《성경》 텍스트에 대한 엄밀한 분석뿐만 아니라 《성경》 안에 끼워 넣어져 있는 종교적 맥락에 기반을 두고 있습니다. 머프스의 입장은 전에 제가 생각했던 바와 달리 그 혼자만의 것이 아닙니다. 그의 입장에서 우리는 탈무드 해석에 뿌리를 둔 현대 유대교의 목소리를 식별할 수 있습니다. 히브리 《성경》에 대한 바로 이러한 종류의 면밀하고 힘든 독해를 통해 하느님의 비극적 얼굴이 조명되고 있습니다. 머프스가 자신의 연구들을 그러모아 독자들과 공유하고 있는 고찰은 회고해볼 만합니다. "리베르만Saul Libermann(1898~1983, 이스라엘의 랍비로 탈무드 학자로 40년 이상 미국 유대 신학교(JTSA)의 탈무드 교수를 역임했다)이 …… 가르친 바 《성경》에서 진정 비극적인 인물은 야곱이나 사울, 욥이 아니라 하느님 당신으로, 당신은 이스라엘에 대한 사랑과 이스라엘에 대한 심오한 분노 사이에서 부단히 찢겨진다."[4]

이것은 그 자체로 아주 이상한 개념의 하느님인데, 신앙인들뿐만 아니라 무신론자들에게도 그렇습니다. 신앙인들은 자신들의 신앙의 토대를 그런 식으로도 볼 수 있다는 사실을 알면 얼떨떨해 할 것이며, 무신론자들에게 그러한 주장은 아무 근거도 없는 것이기 때문입니다. 어느 쪽인가 하면, 인간의 조건은 초월적 존재를 언급하든 아니면 시간적 설명으로 만족하고 말든 극적인 것으로 묘사될 수 있을 것입니다. 제가 보기에 근동 종교들을 연구하는 이 빼어난 학자의 의견은 지금까지 들어본 것

중 하느님에 관한 가장 정확한 주장 중의 하나입니다. 만약《성경》에서 신의 형상에 따라 지어진 것은 인간뿐만이 아니라 인간의 창조자인 신도 마찬가지라는 점을 받아들인다면 이 점이 이해될 것입니다. 하느님의 창조가 성공하려면 인간의 행위에 의존하기 때문입니다. 다시 머프스의 말을 빌어보지요.

아가페의 하느님이 인류에 대한 보살핌에서 인간적이라면 독립된 신으로 계실 때 하느님은 인간적이지 않다. 다른 한편 입법자로서의 하느님은 율법의 실현, 그것이 실현되지 않은 것에 대한 좌절감과 분노, 세계를 파괴하는 것을 피하기 위해 필멸의 인간들이 당신의 분노를 다스리도록 허용하는 것에서는 극히 인간적이다. 너무 인간적이다.[5]

세계의 존재는 36명의 의인의 존재에 의존하고 있다는 문장은 카발라적 또는 하시디즘적 믿음을 떠올리게 합니다. 이런 식으로 하느님과 인간들이 함께 세계의 미래를 결정하지요.

　창조자와 피조물들 사이의 상호 종속이라는 이 모티브는 유대인의 신학 전통 속에는 항상 존재해왔는데, 소위 '아버지들의 윤리Pirkei Avot'과 같은 초창기의 글에서 찾아볼 수 있습니다. 인류에 대해 언급한 것으로는 아마 이 글이 최초일 것입니다. 무근거한 주장을 하는 것을 피하기 위해 나사렛 예수의 영적 지도자 중의 하나였을 장로 힐렐(기원전110~기원전10, 유대교의 유명한 지도자로 유대 역사에서 가장 중요한 인물 중의 하나이다)이 한 말로 전해지는 몇몇 유명한 구절을 언급해보겠습니다. 그는 말합니다. "네가 하기 싫은 일은 남에게도 하지 마라." 덧붙입니다. "평화를 사랑하는 사람이 되어라. 평화를 구하는 사람이 되어라. 뭇 생명을 사랑하고 그들을 토라로 가까이 이끄는 사람이 되어라." 만약 이것들이 유대교의 가장 중요한 계명이라면 유대 유일신론이 소외와 근본주의, 다른 사람들에 대한 적대주의의 원천이라는 비난은 도대체 어디서 나온 것일까요? 저로서도 그러한 종교성의 징후들을 오늘날의 이스라엘에서 보지 않는 바는 아니지만 결국 거기서 우리는 전통의 왜곡을 발견할 뿐입니다. 이처럼 강력한 용어로 제 주장을 분명히 하는 이유는 어떤 사상가에 제가 큰 동질감을 느꼈기 때문입니다. 헤셸Abraham J. Heschel(1907~1972, 유럽의 명문 랍비 가문 후손의 유대교 신학자이자 랍비로 뉴욕의 유대 신학교에서 가르쳤다)이 바로 그로, 그의 신학 체계 전체는 '인간을 찾아 나선 하느님'이라는 생각에 기반해 있습니다.[6] 하느님은 인간적 소리들을 필요로 한다는 생각이 아무리 역설적으로 들리더라도 《성경》의 계약의 기본적 전제는 그것을 분명하게 보여줍니다. 다시 한 번 머프스의 말을 빌어보지요. "하느님이 개입하심은 이스라엘 민족과 계약을 맺는 것에서 드러난다. 어느 정도 인간은 도덕 세계를 세우는 데서 하

느님의 협조자이다."[7] 이에 하느님에게 그것이 항상 명백한 것
은 아니었다고 덧붙일 수 있을 것입니다. 하느님에게 인류의 진
정한 본성이 드러나는 것은 오직 인간과 하느님 사이에 상호 역
사가 이루어질 때뿐입니다. 인간은 하느님에게는 약한 피조물이
지만 그럼에도 세상의 창조를 위해서는 반드시 필요합니다. 그
러한 틀 내에서 종교나 하느님에 대한 믿음의 교화적인 성격을
식별해내기는 어렵습니다. 오히려 그것은 일종의 만남이나 대
화로 두 참여자는 서로에게서 배우며, 무엇보다 자신의 한계와
차이를 배우지요. 하느님은 인간들보다 도덕적으로 우월하다고
느끼지 않습니다. 오히려 보다 큰 관용 쪽으로 기우는데,《성경》
의 언어를 빌자면 통상 자비라고 불리는 것이 그것입니다. 마지
막으로 머프스의 말을 빌리자면 이렇습니다.

아마 하느님도 인간에게 불가능한 것을 기대했다가 인간을 벌
하는 것이 오류라면 인간의 오류에 큰 자비를 베푸는 것이 낫
다는 것을 깨달았던 것 같다. …… 하느님은 이렇게 말한다. '인
간이 될 수 있을 여지를 남겨놓기 위해 인간이 죄를 짓는 것을
참아내야겠지. 꿩도 먹고 알도 먹을 수는 없기 때문이지. 또한
인간이면서 죄로부터 자유로운 존재를 기대할 수는 없는 것
아냐. 전혀 인간이 아닌 자보다는 그래도 죄를 짓는 인간이 더
낫지.'[8]

썩 괜찮은 생각입니다. 히브리《성경》에 대한 멋지지만 다소 고립된(그렇다고 잘못되었다는 의미는 아닙니다) 해석이라는 생각이 들지도 모르겠습니다. 하지만《성경》텍스트들을 연구하는 또 다른 학자가 머프스를 구해주고 있습니다. 예루살렘의 히브리 대학의 크놀Israel Knohl이 그로, '《성경》의 많은 목소리들'이라는 부제를 가진 그의 저서《성스러움의 교향곡The Divine Symphony: the Bible's Many Voices》을 보겠습니다. 그의 견해에 따르면 "토라의 편집자들은 성스러움의 교향곡의 최초의 작곡가들이었다. 그것은《성경》과 유대교 전체에 끼워 넣어져 있다. 종종 모순적인 선택들의 전역全域을 전달함으로써 신성의 계시를 그와 관련된 모든 완벽함과 풍부함 속에서 들을 수 있게 해주었다."⁹ 특히 흥미로운 목소리는 하느님의 이름이 모세에게 전해지는 순간에 들을 수 있습니다. 크놀의 해석이 다소 수수께끼 같으며 유대 종교의 핵심에 대해 널리 받아들여지고 있는 견해와 상충된다는 점은 저도 인정합니다. 우리는 이 종교를 하느님과 당신의 선민을 연결하는 유대의 독특함에 대한 확신과 결부시키는 데 익숙해져 왔기 때문입니다.

'야훼YHWH'라는 이름의 계시는 신학에서 코페르니쿠스 혁명으로 이어졌다. 모세 그리고 그와 함께 이스라엘 백성은 신성함의 본질을 인식하는 방법을 배우게 되었는데, 그것은 창조나 인류 또는 인류의 필요와는 무관한 것이었다. …… 인간 존재들은 신성한 것에 직면하게 되면 더 이상 자신을 우주의 중심으로 바라보거나 자신의 욕구와 욕망이라는 협소한 시각으로부터 하느님을 평가하지 않게 되었다.[10]

그런데 만약 그렇다면 실제로 하느님은 누구이고, 하느님을 나의 삶에 포함시킬 방법이 없는데 왜 그러한 하느님을 믿을까요? 저처럼 유대교 바깥에 있는 사람은 그러한 종류의 질문을 제기했을 것입니다. 하지만 정말 세계 속에 하느님이 임재하심을 제가 믿는다면―저는 제가 그렇다고 믿습니다―저의 종교적 불가지론은 근거 없는 것이 아닐까요?《성경》의 계시를 언급하는 제도화된 형태의 종교를 제가 회의적으로 바라보는 것이 올바를까요? 크놀은 유대교의 가장 오래된 전통 중의 하나를 환기시키면서 하느님은 인간들에게 자유를 주었으며 인간사에 개입하는 것을 조심스럽게 자제하고 있다고 주장합니다. "힐렐 학파는 지상에서의 인간의 자율적 존재를 추구하는 한 경향, 즉 합리주의적 경향을 대변하고 있었다. '천상은 주님의 것이지만 땅은 인간에게 주셨다' 천상은 지상에서 벌어지는 일에 끼어들 수 없다."[11] 저는 이 이야기가 제 맘에 꼭 든다고 말하지 않을 수 없습니다.

하지만 당신에게 대답하려다가 전혀 예기치 않은 방향으로 궤도를 벗어난 것은 아닌지 모르겠습니다. 다시 한 번 말하지만 우리는 어떤 것도 해결할 필요가 없습니다. 오히려 우리는 어떻게 하면 세상을 더 잘 이해할 수 있는가를 숙고하는 중입니다. 아마 《성경》의 저자들과 유대교의 주해자들이 이해한 바의 하느님은 그러한 이해에 간섭하지 않을 것입니다. 심지어 하느님은 무슨 도움이 되기나 하는 걸까요? 제가 잘못 생각하는 걸까요?

바우만 당신은 상황을 그렇게 제시하지만 거기에는 여러 층이 있을 것입니다. 그러한 층 각각은 상이한 접근을 요구할 테고요. …… 저는 신은 여럿이라는 생각은 유일한 하느님 내의 불일치나 다수성과 동일한 것이 아니라는 말로 이야기를 시작해볼까 합니다. 기독교의 하느님은 삼항적입니다. 제가 아는 역사로 미루어볼 때 그러한 사실에 직면해 하느님은 오직 한 분임을 주장하기 위해 많은 피가 뿌려졌습니다. 저는 전문적인 성경학자가 아니며, 주해자들의 견해에 대해서는 거의 무지하다고 해야 할 것입니다. 하지만 (전문가라기보다는 흥미를 가진 세속인으로서) 제가 아는 것으로 미루어볼 때 성서 해석학자들은 《구약성경》의 편찬자들이 합쳐놓은 하느님의 형상에서 세 가지가 함께 공존하는 것을 발견했습니다. 먼저 (세계와 인간을 창조한) 엘로힘적 하느님이 존재합니다. 그리고 야훼적 하느님이 존재합니다(이 하느님은 이스라엘 민족을 이집트에서 끌고 나온 후 이들과 계약을 맺고 당신의 보호 하에 둡니다). 그리고 (그러한 보호의 대가로 하느님이 복종을 요구하는 율법의 저자로서의) 사제적 하느님이 존재합니다. 토라의 편찬자들은 화해 불가능한 것을 화해시키기 위해 자신들이 할 수 있는 것을 했지만 완전히 성공하지는 못했으며, 종종 통일되어 동질적인 것으로 만들어 놓으려고 한 소재들을 가로지르고 있는 이음매들을 볼 수 있을 것입니다. 저는 그들도 이것을 알고 있었다고 생각하며, 하느님과 닮은 것을 만들지 말라는 금지는 논리와 비모순, 그리고 배중항의 애호자들에 맞선 예방조치 또는 보험 정책이었다고 생각합니다. 한 분의 유일한 하느님의 본질적 비일관성을 인정하는 것은 신은 여럿이라는 생각에 동의하는 것과 동일한 것이 전혀 아니었습니다. 전자의 쟁점은 신앙들의 체계에서 내부 갈등을 초래할 수 있습니다. 논리로 무장한 학술적 해석자들에게서 그러한 갈등은 보다 크게, 그리고 그것의 수호자와 감독자들에게서는 그들보다 덜한 정도에 그치고, 회중을 이루는 모든 일반 대중hoi polloi 사이에서는 별다른 갈등을 불러오지 않겠지만 말입니다. 하지만 후자의 쟁점은 외적 힘에 좌우됩니다. 다른 신들을 지지하는 경쟁자들이나 경합자들 또는 적대자들의 존재가 그것으로, 그들은 다른 율법에의 충성과 다른 해석자와 수호자들에 대한 복종을 요구합니다. 신자들로 하여금 유일신론과 다신론 사이의 갈등에서 목소리를 높일 필요가 있음을 인식하도록 만드는 것이 이 두 번째 사건의 존재입니다. 인류라는 관점에서 볼 때 핵심적인 것은 한 번 일어나는 이 사건으로, 그것은 글로벌화되고 이산화되고 있는 우리 세계에 만연해 있으며 점점 더 집에(모든 집에!) 가까워지고 있습니다. 실제로 제가 '다성음'보다는 '다신론'을 선호하는 것은 바로 이 때문입니다. 다성음이라는 용어는 이미 일관성과 조화를 향한 의도를 포함하고 있으며, 이 두 문제 중 첫 번째 문제를 토론하기에는 적합하지만 두 번째 문제에 대한 해법을 찾는 데는 전혀 그렇지 않습니다. 첨언하자면, 그러한 해법은 '다성음'이라는 개념이 암시하는 바와는 달리 일종의 유기적 조화나 불협화음을 이루는 곡조들 사이의 연대로까지 발전할 필요는 없습니다. 그것은 상호 관용을 달성하는 것으로 만족할 수도 있습니다. 자율권을 허용하고 타인들에게 자신의 진리를 강요하려는 욕심을 포기하는 것이 그것이죠.

당신이 제기한 다른 쟁점, 즉 신과 인간 사이의 관계는 유일신-다신론 논쟁의 쟁점과는 전혀 관련되어 있는 것처럼 보이지 않습니다. 창조는 하느님의 행위라는 생각은 유일신론 체계에는 유기적인 것인데, 아무튼 거기서 인간은 중심적인 위치를 차지합니다. 〈창세기〉의 목적까지는 아니더라도 창조의 '완성'이나 완수를 위한 도구나 핵심적인 대리인으로 말이죠. 인간 세계에—만약 이러한 표현을 사용하는 것이 허용된다면 말이죠—

일진광풍이 휘몰아치는 것은 신의 역사에 필수적인 구성요소이자 부록입니다. 또한 인류가 북새통을 이루는 것이 하느님의 창조에 회고적 의미를 부여한다는 말로 그러한 상호종속을 묘사할 수도 있을 것입니다. 비록 그것이 하느님의 원래 계획은 아니었을지라도 말입니다(우리는 결코 알 수 없습니다. 유대교의 카발라, 즉 무한자나 끝 모르는 분인 에인 소프Ein Sof〔당신을 드러내기 전의 하느님〕 같은 영지파의 하느님은 칸트의 누메나noumena〔알려지지 않는 물자체〕가 태어나기 전에 수세기 동안 알 수 없는 것으로 간주되어 왔기 때문입니다. 이렇게 말하고 싶습니다. 하느님은 알 수 없는 분임을 인정하는 것이 하느님을 인간보다 위에 있는 존재로 만들고 성sacrum과 속profanum의 경계를 긋도록 해준다고 말이죠. 그러한 경계를 넘는 것은 신성모독의 죄를 범하는 것이 될 것입니다). 카발레에 따르면 인간은 오직 하느님의 세피롯sefirot과 파르쿠핌parcufim —유출된 것과 얼굴들, 또는 보다 구체적으로는 드러나는 것과 징후들— 을 통해서만 하느님의 속성에 접근할 수 있으며, 인간은 그것을 통해 하느님의 속성에 대해 배우게 됩니다.

저는 카발라 학자도 탈무드 주해자도 랍비도 (모순적인) 비평가도 아닙니다. 카발라에 대해 제가 아는 것은 대부분 숄렘〔1897~1982, 유대 신비주의와 카발라 연구의 세계적 권위자로 발터 벤야민의 친구로도 유명하다〕의 책에서 읽은 것입니다.[12] 저는 그의 개념화에 의지하고 있습니다. 반면 다른 해석들(최근 그것들은 무한

대로 증가하고 있는 것처럼 보입니다)은 다른 식의 이해방식을 촉진해 현재의 뉴 에이지적(심지어 신-오컬트적) 흐름들에 자신의 생각을 적용하려 하고 있음을 잘 알고 있습니다. 숄렘을 믿을 수 있다면 카발라에서(중세의 여러 변종을 근대 초기에 종합한 루리Lurie의 총람에서는 보다 명확하게) 유일신론의 품안에서 이루어진 영지파의 탐구는 자신에게서 제거할 수 없는 역설들과 함께 시작되었습니다. 신의 유일성은 당신의 피조물의 주목할 만한 다양성의 한가운데 존재하며, 신의 선함은 창조된 세계의 도덕적 카오스와 나란히 병존한다는 것이 그것입니다. 어떤 의미에서는 그와 동일한 역설(또는 오히려 그러한 역설을 꺼내 극복하려는 노력들)이 원죄라는 신화를 낳았습니다. 거기서 인간이 낙원으로부터 쫓겨난 것은 세상에 닥친 토후tohu('카오스') 탓으로 돌려집니다. 인간들로 하여금 티쿤tikkun이라는 과제, 즉 고장 난 세계를 수리하고, 그리하여 하느님의 창조와 당신의 목적 사이의 조화를 회복하고 인간의 그러한 사명을 신의 계획의 일부로 만드는 것에 직면하게 만드는 카발라에서와는 달리 말이죠. 세계는 하느님의 '침춤Tzimtzum〔수축, 물러남〕' 행위에 의해 고장이 났습니다. 처음에는 존재 자체와 동일했지만 하느님은 '수축되어' 우주의 일부로부터 물러나 인간이 세계를 고쳐야 하는 일을 할 수 있는 여지를 만들어줍니다. 이어 이러한 일이 벌어지죠. 세계를 창조하려는 결단은 전적으로 하느님의 것이었던 반면 창조 자체는 처음부터 창조자와 그의 인간적 피조물들 사이의 상호의존과 협력을 전제합니다. 그것은 당신이 묘사한 대로 다른 원천들에 기대고 있지요. 앞서 당신이 언급한 머프스와는 반대로 하느님은 인간의 잠재력과 선에 대한 인간의 성향을 과대평가하는 실수를 범하지 않습니다. 그리고 인류가 겪는 고통은 신의 기대를 충족시키지 않은 것에 대한 벌(복수?!)로 의도된 것이 아닙니다. 그와 정반대로 침춤─그에 다른 필연적인 결과가 창조된 어떤 공간이 신의 보호와 선의의 바깥에 놓이게 되는 것이죠─은 하느님 쪽에서 보자면 인간들에게 신의 창조를 완성하기 위해 협력해달라는 초청입니다. 인류를 존재의 공동-창조자 지위로 격상시키기 위한 행위인 것이죠.

루리가 생생하게 추정하는 하느님의 수축은 세키나Shekhinah('빛'?, '하느님의 영'?)를 담은 도자기를 산산 조각내며 클리포트Klippot(용기의 파편들 또는 조각들)가 대지 위에 흩뿌려져 사람들(특히 이스라엘 민족입니다. 그래야 이들이 선민이라는 것이 의미를 갖게 되지요)이 그것들을 모아 수선해야 하는 위치에 놓이게 됩니다. 흩어진 불꽃들과 선의의 깜박이는 빛들을 모든 것을 아우르는 불꽃으로 모아들여야 합니다. 카발라의 저자들이 언급하고 있으며 유대 민족 자체가 유래한 디아스포라와 관련해 틱쿤tikkun은 쫓겨난 자라는 조건을 죄에 대한 벌로부터 구원의 소명으로 개주하는 것을 함축하고 있습니다. 에덴동산의 추방에서 인간을 구원하고 세계를 타락으로부터 보호하는 것이 그것입니다.

머프스는 이 점에 대해 카발라와 일치되는 견해를 보여줍니다. 모두 인간은 **도덕적 세계를 창조하는 공동-협력자**라고 주장하지요. 그러한 창조의 의도된 또는 의도되지 않은, 성공적인 또는 비참할 정도로 무능력한 산물이 아니라 말이죠. 그러한 협력 관계에서 하느님은 길을 보여주고 여행을 자극하는 권위라고 말하고 싶습니다. 그리고 신을 권위로 선택했기 때문에 인간에게는 지시된 방향으로 전진할 수 있는 기회가 주어지지요.

저는 이 관계에 대한 가장 정확한 설명을 '유혹의 유혹'—그는 이렇게 묘사하는데, **앎**에 대한 유혹이 그것입니다—에대한 레비나스의 성찰 속에서 발견했습니다. 유혹당한 사람이 이타카[율리시즈의 고향]로의 귀환을 포기하지 않은 채 사이렌들의 노래를 들으려는 상태가 그것입니다.[13]

유혹의 유혹은 구체적 쾌락에 끌리는 것이 아닙니다. 그러한 쾌락의 경우 유혹당한 사람은 그것을 위해 몸과 영혼을 포기하려는 위험을 무릅쓰지요. 유혹당한 사람을 유혹의 유혹으로 꾀는 것은 쾌락이 아니라 쾌락의 가능성으로 남아 있는 상황의 모호성입니다. 즉 자아가 여전히 선택의 자유를 주장하는 상황이 그것입니다. 자아는 아직 그것을 포기하지 않았으며 거리를 유지하고 있습니다. 에고가 독립성을 지키고 있지만 그러한 독립성이 유혹에 의해 소진될, 즉 고양되거나 바닥으로 떨어질 가능성을 무효화하지 못한 상황의 유혹이 존재하지요. 외부성과 공동-참여의 동시성이 우리를 유혹하는 것이죠.

내부와 외부 사이와 중간에 위치한 이러한 종류의 자유는 악이라는 위험이 나타날 불길한 징조이지만 그것을 극복할 가능성의 전조이기도 합니다. 레비나스는 그것을 '유혹의 유혹'이라고 말하는 것이지요. 그것이 우리가 갈망하는 것이며, 그것을 위해 자유를 필요로 하며 실수와 몰락의 가능성을 담을 정도로 충분히 넓은 비결정성을 요구하는 것입니다. 그것이 악에의 저항을 통해 세상을 구원할 가능성으로, 인류에게는 구원의 과제가 부여되어 있습니다. 이 선물[독]은 인간을 도덕적 세계의 창조에서 하느님의 공동-협력자로 만듭니다. 인간이 없으면 창조는 일어나지 않을 것입니다.

2

이 종교는
어떻습니까?

종교적인 것에 그치지 않는
근본주의의 위협에 대하여

오비렉 의견이 갈라지기 시작하는군요. 종교, 특히는 유일신론이 개인의 삶에 미치는 영향 문제와 관련해 그러한 것처럼 보입니다. 걱정하는 것은 아닙니다. 그와 정반대입니다. 이제까지 밝혀지지 않았던 쟁점들을 분명히 하는 것을 가능하게 해줄 테니 말입니다. 제게는 그렇게 보입니다. 선생님은 앞에서 이렇게 말씀하셨습니다. "당신이 제기한 다른 쟁점, 즉 신과 인간 사이의 관계는 유일신-다신론 논쟁의 쟁점과는 무관해 보입니다. 하지만 제게는 머프스와 크놀의 저서에서 인용한 미묘한 확언들에도 유일신론적 신의 추종자들은 기회 있을 때마다(기독교인과 무슬림은 유대인보다 더 기회가 많은데, 유대교에서 그것을 덜 뚜렷하게 감지할 수 있는 것은 아마 이 때문일 것입니다) 전적으로 비평화적인 방식으로 타인을 자신의 진리로 개종시키기 시작했으며, 그것이 그들이 유일신론을 이해하는 것 자체와 관련된 문제들과 연결되어 있음을 깨닫는 것은 아주 중요해 보입니다. 유일한 신에 대한 공언된 믿음에도 일상생활에서 사람들은 수미일관하게 유일신론적으로 되지 않습니다. 저는 하느님의 역사의 전문가는 아니며, 경외하고 존경하는 《신의 역사History of God》를 쓴 암스트롱Karen Amstrong처럼 일필휘지로 신의 전모를 그려낼 수 있다고는 믿지 않지만 유일신론의 소위 '실천적' 측면, 즉 유일신론으로부터 나오는 삶과 그 결과들에 주목하고 싶습니다.[1]

저는 유대교의 카발라적 전통은 신성함을 인간적인 것과 결합시키는 주목할 만한 방식을 제공하고 당신이 논의한 카발라적 생각들은 그것을 멋지게 보여준다고 이해하고 있습니다. 그럼에도 당신도 잘 알다시피 제도화된 유대교는 카발라주의자들의 사변을 큰 의심을 갖고 바라보았습니다. 실제로 기독교 교회가 신비주의자들의 터무니없는 공상을 바라보는 방식대로 또는 기성 이슬람이 수피교의 실천을 바라보는 시선으로 그것을 바라보았습니다. 당신은 숄렘의 연구서들을 언급했습니다. 또한 스승의 발견을 발전시키고 풍부화한 그의 제자 이델Moshe Idel〔1947~, 루마니아 태생의 유대 신비주의 역사가이자 철학자〕을 떠올리는 것도 가치가 있을 것입니다. 당신은 카발라 연구서들의 기본 원리들은 유대교의 가장 심오한 차원들을 사소한 것으로 만들뿐만 아니라 왜곡하고 있는 오늘날의 대중문화에서 희석되고 있다고 정확하게 지적하고 있습니다. 그럼에도 그러한 희화화들이 카발라에서 가장 중요한 것을 은폐하는 것이 허용되어서는 안 될 것입니다.—카발라에서 인류는 하느님을 만날 뿐만 아니라 심지어 그와 융합되고 있습니다. 혹시 이델의 저서에 들어 있는 몇 가지 생각을 언급해도 좋을지요? 그것이 제게는 러시아 사상가들이 신-인간 문제라고 불러온 것을 검토하는 데서 특히 흥미로워 보이기 때문입니다. 이델은 카발라에 현상학적 방법으로 접근합니다. 하지만 리쾨르를 선구자로 하는 방대한 해석학적 전통을 지나치지는 않습니다. 저는 지금 폴란드어로 번역된 그의 저서 중의 하나인 《카발라: 새로운 관점들Kabbalah: New Perspectives》[2]을 염두에 두고 있습니다. 이것은 놀라울 정도로 박식한 저서일 뿐만 아니라 종교적 경험과 언어를 통한 그것의 전달 사이의 연관 관계에 관해 그리고 상이한 종교적 전통들, 특히 아브라함적 신앙들의 공유된 원천들에서 유래하는 전통들 속에서의 그것의 위치에 관해 묵직한 질문을 던지고 있습니다.

이델은 다른 저서에서 이 질문 중의 일부를 검토하는데, 여기서는 그것들을 모두 논의할 필요는 없을 것입니다. 하지만 1998년에 발간된 《메시아적 신비주의자들Messianic Mystics》을 언급하지 않고 넘어갈 수는 없을 텐데, 그는 기독교에 너무나 핵심적인 메시아라는 토포스를 추적하며 그것을 유대교적 관점에서 검토하고 있습니다.[3] 이것은 기독교의 자아관에 중대한 결과를 갖고 왔으며, 이 책이 지금까지 기독교 신학자들 사이에서 만장일치로 호평을 받은 것은 아마 이 때문일 것입니다. 하지만 카발라 연구에서 등장한 새로운 관점들에 대한 논의로 돌아가겠습니다. 그는 자신의 의도를 이렇게 묘사합니다.

카발라적 신비주의의 두 가지 주요한 초점은 황홀경적인 것—결합적인 것과 접신론적—과 마법적인 것이라는 것이 나의 가정이다. 카발라의 두 핵심에 대한 묘사들에 초점을 맞추는 가운데 카발라 문헌에서 반복해서 등장하는 이 두 주제의 역사적 발전도 고려할 것이다. 나의 접근은 중요한 현상들을 구분해 내기 위해 현상학을 이용할 것이며 그런 다음에 그것들 사이의 가능한 역사적 관계들을 정교하게 검토하는 작업에 착수할 것이다.[4]

그러한 종류의 구별은 카발라주의자들의 상이한, 하지만 분기하지는 않는 행위들을 묘사할 때는 환상적인 정도로 중요한 것처럼 보입니다. 우리는 어떻게 해서든 창조자와 '접촉하는 것'을 목표로 하는 신비주의자들의 분투를 볼 수 있습니다. 한편으로 어떻게 해서든 창조자로부터 세계를 향한 특정한 행위를 짜내려는 시도를 볼 수 있습니다. 이 둘은 문서로 광범위하게 기록되어 있으며, 그것들을 대립적인 것으로 볼 필요는 없습니다. 오히려 상보적인 것으로 간주해야 하지요. 바로 이런 식으로 우리는 그것들이 어떻게 드베쿠트dwekut(유대 신비주의의 용어 중의 하나로 신의 본질에 내밀하게 다가가는 방법 중의 하나를 말한다)를 달성하는지를, 즉 자신의 생명을 잃지 않고 어떻게 창조자에게 이를 수 있는지를 배워야 합니다.

다른 장에서 이델은 다소 깊숙이 뿌리 내린 확신, 즉 신비적 합일unio mistico은 유대교와 상충된다는 확신과 씨름하면서 확신에 가득 찬 목소리로 이 종교의 바로 그러한 측면이 유대교를 기독교와 이슬람에, 심지어 극동의 종교들에 가까이 가져간다는 것을 입증하고 있습니다. 신비주의의 다양한 기교들에 대한 개관 또한 흥미로운데, 그것은 우리가 단순한 추상물들이 아니라 상이한 종교 체계의 추종자들의 구체적 실천들을 다루고 있음을 인식할 수 있도록 해줍니다. 흥미진진한 것은 카발라의 신지학神智學(보통의 신앙이나 추론으로는 알 수 없는 신의 심오한 본질이나 행위에 관한 지식을 신비적 체험이나 특별한 계시에 의해 알게 되는 철학적·종교적 지혜와 지식을 가리킨다)적 분석들인데, 그것은 기독교 사상과 영지주의 및 유대교의 천지창조설 사이의 깊은 연관성을 입증하고 있습니다. 이델은 스트로움사Gedaliahu Stroumsa(1948~, 예루살렘의 히브리 대학교의 마틴 부버 비교 종교학 명예교수로 있다)의 사상을 언급하면서 사도 바울의 비전 중 얼마나 많은 것이 유대교 자체에서도 발견되는지를 보여줍니다. 예를 들어 그리스도를 이미지로, 또는 사람의 아들로 이해하는 것처럼 근본적인 생각들이 이에 해당됩니다. du-parcufin 개념 분석도 마찬가지로 흥미진진한데, 그것은 전형적으로는 인간들의 양성성을 가리키지만 카발라 사상의 맥락에서는 하느님을 그리고 하느님의 본성 자체 속에 존재하는 대립물의 일치coincidentia oppositorum를 가리킬 수 있습니다. 여기서 다시 한 번 우리는 카발라 사상이 종교들 사이의 대화—유대교적 신관, 그리고 삼위일체라는 기독교의 개념이 주제가 될 수 있을 것입니다—를 위한 진입점이 될 수 있는지를 가만히 살펴볼 수 있을 것입니다. 카발라를 길게 이야기하게 되어 죄송하게 생각합니다. 하지만 유대교적 유일신론의 이 측면에 대한 당신의 해석이 믿을 수 없을 정도로 흥미진진했다는 것을 핑계 아닌 핑계로 받아들여주시면 감사하겠습니다.

최근 프랑스 역사가인 벤느Paul Veyne의 냉정한 고찰을 읽고 큰 충격을 받았습니다. 그가 아주 정확한 주장을 툭 던지듯 제기했기 때문입니다. 유일신론이라는 이름에 값하는 것은 암스트롱이 논하는 아브라함적 유일신론이 아니라 그리스인들의 종교라는 것입니다. 그의 주장이 저를 크게 당혹시켰다는 점을 인정합니다. 그리스의 종교적 상상력을 한 분이신 하느님의 외로움보다 온갖 신들로 들끓는 올림포스 산과 연결시키는 데 익숙해져왔기 때문입니다. 직접 그의 말을 들어보지요.

〔그리스의 종교는〕 이름에 걸맞은 유일신론인 반면 현재 사람들이 말하는 세 유일신론은 그보다는 덜 칭찬할 만한 가치가 있다. 이 세 유일신론의 출처에 대한 생각들은 오도되어 있다(소위 유대인의 유일신론은 오랫동안 단일한 신의 유일신론이 아니라 다른 신들을, 다른 사람들의 신들을, 그에 따라, 그의 백성들에 따라 존재하는 신들을 질투하는 신의 유일신론이었다. 물론 야훼는 다른 신들보다 더 강하지만 말이다). 그의 존재의 진정한 상태에 대한 생각들 또한 오도된

것이다(삼위일체, 성인들, 성모 마리아는 기독교적 유일신론을 신학자들 사이에서 명예에 관한 문제로 만들었다). 신의 권역에 대한 생각들 또한 오도된 것이었다(알라가 유일신인 것은 다신론의 신화들처럼 우연적이고 자의적인 신화 덕분으로 그것은 하느님을 전제군주로 찬양하고픈 욕망을 만들어냈다). 유일신론을 종교사의 중심축으로 간주해서는 안 된다.[5]

이 역사가의 견해는 당신의 회의주의에 대해 잠정적 비판을 가하는 것을 가능하게 해줍니다. 유일신의 자칭 추종자들로 하여금 그렇게 매섭게 신앙을 공유하지 않은 사람들에 맞서 싸우도록 이끄는 것은 유일신론을 받아들여 그것을 그렇지 않아도 과잉 상태인 부족적 신들 속으로 옮겨 넣는 것이 실천 불가능하기 때문입니다. 제가 인간들의 세속적 존재와 이들의 종교적 열정들 사이에는 강력한 관계가 존재한다고 확신하는 것은 이 때문입니다. 만약 사람들이 '한 분의 초월적 신'이 존재한다는 생각에 동의할 수 있다면 부족적 신들에 대한 이 '잘못된' 믿음은 도달 불가능하고 감히 생각조차 할 수 없는 분에 대한 인간들의—결국 제한적인—가정의 하나로 간주될 수 있을 뿐일 겁니다. 하지만 자기 자신의 생각을 다른 사람들의 생각과 비교함으로써 그들은 싸울 준비를 하는데, 선제공격을 가할 뿐만 아니라 적을 파괴할 때까지 싸움을 멈추지 않습니다.

이것이 제가 오늘날의 유일신론을 비난하는 바인데, 선조들의 근본적인 영감과 직관들을 포기하고 다신론자들이 하는 짓을 실천하게 되었다는 것이 그것입니다. 제가 그리스인을 갈망하듯이 동경하는 것은 이 때문입니다. 그들은 자신의 '믿음의 저수지'에 만족하고 머물기보다는 상이한 원천들에 관심을 기울이고 그것을 끌어올 수 있었으니까요.

당신이 언급한 레비나스의 텍스트에 대해 한 말씀 드리고 싶습니다. 제가 '유혹의 유혹'의 본질에 대해, 그로부터 유래하는 인간의 자유의 결과들에 대해, 도덕적 세계의 창조에서 또는 신학자들의 언어를 사용하자면 세상의 구원에서 하느님의 공동-협력자가 될 수 있는 가능성에 대해 제대로 이해했는지는 확신이 들지 않습니다. 세계의 구원에 대한 비전을 말씀드리자면, 그것은 뚜렷하게 내재적인 성격을 갖고 지상에서 이루어질 것이라고 이해하고 있습니다. 레비나스가 생각하는 대로(또는 저는 당신이 언급한 논고를 그런 식으로 이해합니다) 내 안이 아니라 구체적인 사람과의 마주침 속에서 말이죠. 저의 경우 그러한 사람들은 많습니다. 제가 받고 화답하는 것, 세상을 좀 더 나은 곳으로 만들고 우리 삶을 살 만한 것으로 만드는 것은 바로 사랑, 우정 그리고 깊은 이해죠. 세상을 이런 식으로 '구원하는 것'은 저의 종교적 확신들과는 무관하며, 그것들은 그저 가족들 속에서 상속되어 전해지는 세계를 체험하는 방식일 뿐입니다. 하지만 그것은 결코 구원에 간섭하지 않습니다. 실제로 저는 종종 제게 가장 가까운 사람들이 이러한 초월적 생각 없이도 그럭저럭 살아가는 것을 아주 흥미롭게 지켜보곤 합니다. 하지만 그것이 그들이 '세상의 구원'에 참여하는 것을 줄이지는 결코 않습니다.

이것은 차이들은 별다른 의미를 갖지 않으며, 모든 것이 유동적이고 맥락에 따라, '지금 여기의' 경험에 따라 색깔을 바꾼다는 의미일까요? 분명히 저는 삶을 그렇게 살고 있습니다. 잘 모르겠습니다. 아마 '유동성'이라는 당신의 개념 때문일지도 모릅니다. 저는 자신을 지난 10년 동안 일어난—거기에는 당신의 책임도 일정하게 있습니다—문화와 세계관의 혼돈에 따른 희생자로 생각하지 않는다는 점도 명심하시길 바랍니다. 제게는 종종 세계는 유동적 현실이라는 묘사들 덕분에 삶에 좀 더 가까이 다가가고 있다는 생각이 들기도 합니다. ……

바우만 종교와 종교 문헌에 대한 당신의 해박한 지식과 겨뤄 이길 승산이 제게는 없습니다. 그저 몇 번째인지 모를 정도로 감탄하며 패배를 인정할 뿐입니다. 제 생각으로는 종종 우리의 토론을 옆길로 새게 만들며, 이따금 서로에게가 아니라 서로를 지나서 말하도록 만드는 것은 당신이 언급한 벤느의 인용문 숨어 있는 오해라는 것만 간단하게 언급하는 것으로 그치겠습니다.

"소위 유대인들의 유일신론은 오랫동안 단일한 신의 유일신론이 아니라 다른 신들을, 다른 사람들의 신들을, 그에 따라, 그의 백성들에 따라 존재하는 신들을 질투하는 신의 유일신론이었다. 야훼는 다른 신들보다 더 강하지만 말이다." 벤느가 말하고자 했던 바가 바로 이것이었는지 확신이 들지 않지만 위의 정식화는 유일신론과 다른 신들―그들이 신의 지위를 강탈한 자들이던 아니면 신을 가짜로 참칭하는 자들이던 말입니다―의 존재에 대한 인정 사이에 모순이 있음을 함축하고 있습니다. 저는 정확히 그와 정반대로 생각하는 것이 맞다고 생각합니다. 유일신론은 진리와 흡사하게 **불가지론적 생각**이며, 오직 끝까지 가는 투쟁이라는 맥락에서만 기능할 수 있습니다. (규정상 '유일한') 진리라는 생각과 흡사하게 견해들의 복수성 그리고 그것들 중의 하나를 선택할 필요성에서 태어났으며 절대적이고 보편적인 동의라는 가설적 경우는 쓸모가 없기 때문에 하느님은 유일하게 한분뿐이라고 주장하는 것은 간접적으로 다른 견해들의 존재 그리고 그것들을 불법화하려는 의도의 존재를 입증합니다. 유대인들과 무슬림들은 부단히 아도나이나 알라는 하나의 동일자라는 말을 반복해왔습니다. 다신론자들과 흡사하게 그들은 다른 곳의 다른 사람들은 다른 누군가를 하느님으로 간주하고 있음을 알고 있었기 때문입니다. 유일신론 신자가 다신론 신자와 다른 것은 오직 후자는 전자와 달리 이러한 상황에 의해 방해를 받지 않는다는 점입니다(그들에게 어떤 신에게 바친 충성은 결코 다른 신에게 바치는 충성을 방해하지 않습니다. 그것은 어느 신도 배신하지 않습니다). 종교들을 대해 말할 때 보다 지고한 힘에 대한 믿음은 최근류 역할을 하는 반면, 많은 존재들 중에서 선택한 하나의 존재의 '유일함'에 대한 신앙은 다른 존재들을 신의 지위를 가짜로 찬탈한 자들이라는 확신과 짝을 이루어 유일신론의 종차가 됩니다. 신이라는 이름을 주장하는 존재가 하나 이상 존재한다는 인식은 유일신론적 입장과 갈등을 일으키지 않을 뿐만 아니라 실제로는 그것을 정당화해주며 육체를 부여해준다고 말할 수도 있을 것입니다. 만약 아도나이가 유일하게 신을 주장하는 존재라면(만약 이스라엘 사람들의 모든 이웃이 그들처럼 동일한 신전에서 신을 숭배한다면) '하나의 유일한 존재'라는 수식어구는 무엇 때문에 존재하는 걸까요? "유일신의 자칭 추종자들로 하여금 그렇게 매섭게 신앙을 공유하지 않은 사람들에 맞서 싸우도록 이끄는 것"이라는 정식화에서 '유일신론의 자칭 추종자들'이라는 첫 번째 말은 정확하지 않으며 오해의 여지가 있다고 믿습니다. 그들은—'자칭' 추종자들일 뿐만 아니라—그렇게 따를 때는(또는 따르기 때문에) 절대 틀림없이 진실 된, 신실한bona fide 추종자들입니다. 하지만 저는 벤느의 인용문에 대해 또 다른 유보 조건을 달고 싶습니다. 즉 "신화와 다신론"이 어떻게 "하느님을 전제군주로 찬양하고픈 욕망"을 만들어낼 수 있었을까요? "이슬람의 신화들"의 경우 우리는 이런 유형의 유일신론을 이용해 무함마드, 칼리프들의 지배 욕망을 설명할 수 있을 것입니다. 마찬가지로 권력에 대해 탐욕적이었던 로마제국은 쉽게 지배욕을 다신론이라는 공식 정책과 화해시켰습니다. 즉 유일신론을 택한 로마가 이단자들 및 다른 종교를 가진 자들에 맞서 전쟁을 벌이다가 몰락할 때까지 말이죠.

미래와 대안들도 마찬가지인데요. …… 당신은 이렇게 말씀하셨죠. "만약 사람들[비록 오늘날에는 무수한 교회들로 분열되어 있지만 아마 인류 전체를 의미하셨다는 생각이 듭니다]이 '한분의 초월적 신'이 존재한다는 생각에 동의할 수 있다면 부족적 신들에 대한 이 '잘못된' 믿음은 단지 도달 불가능하고 감히 생각조차 할 수 없는 분에 대한 사람들의—결국 제한적인—많은 가정의 하나로 간주될 수 있을 뿐일 겁니다. 하지만 자기 자신의 생각을 다른 사람들의 생각과 비교함으로써 그들은 싸울 준비를 하는데, 선제공격을 가할 뿐만 아니라 적수를 파괴할 때까지 싸움을 멈추지 않습니다." 당신은 비록 통일된 전례를 따르지 않지만 보편적인 유일신론적 신앙을 주장하고 계십니다. 멋진 비전입니다. 저도 기꺼이 거기에 서명하겠습니다. 그러한 신앙은 분명히 여러 기능을 해야 하는 일에 휘말려 들어갈 수밖에 없는 점을 고려할 때 그것은 전혀 현실주의적으로는 보이지 않는 시나리오 중의 하나라는 점을 제외한다면 말이죠. 궁극적으로 가장 현명한 인류학자 중의 하나인 바르트Frederik Barth가 지난 세기에 입증한 대로 경계들이 그어지는 것은 차이들을 확실히 하기 위해서가 아닙니다. 차이들을 찾는 것은 경계선들이 그어졌기 때문입니다.

신앙들의 다수성, 그들 사이의 적대성—공격성의 정도는 다양합니다—에 직면해 그것들이 인간의 공존, 그리고 그것을 개선시킬 수 있는 기회에 초래할 수도 있을 해악을 완화시키기 위해서는 두 가지 전략에 기댈 수 있을 것입니다. 하나는 당신이 암시한 것입니다. 즉 하느님은 한 분이고 하느님에 대한 찬양을 노래하는 방법은 여러 가지가 있지요. 이 전략에는 이점이 없지 않지요. 전쟁을 '선제공격'에 국한시킬 수 있는 가능성도 그것 중의 하나입니다. 하지만 자제를 보장해주지는 못하지요. 이보다는 좀 더 거리가 있는 관점—하지만 아주 오래된 과거도 아니고 또 그것을 무시한다면 큰 대가를 치러야 할 것입니다—에서 보자면 그곳에는 전체주의라는 유령이 숨어서 우리를 기다리고 있지요(이와 다른 맥락에서, 즉 사용하는 어휘는 다르지만 비슷한 의미론적 장 안에서 야스퍼스는 전지구적 통치라는 생각에 두려움을 느꼈습니다. 그러한 경우 피하거나 숨을 곳이 아무 곳도 없을 것이기 때문입니다). 왜 투쟁이 선제공격으로 끝날까요? 개전이유casus belli의, 즉 신앙의 정전과 의례의 실천들 속에서 캐낼 수 있는 각종 위반의 한계는 어디일까요? 결국 이 전략은 질서라는 전체주의적 체계의 공리들로부터 논리와 의미를 끌어옵니다. 다른 것은 모두 죄악으로 가득 차 있다는 생각, '방침에 따르고 있음'이 입증될 때까지는 또는 과오를 뉘우칠 때까지는 유죄라는 가정으로부터 말이죠. 이단 자체는 이단이라는 이유로 선험적으로 피고인석에 앉혀집니다. 또 다른 전략이 존재하는데, 그것은 다양성을 결함이 아니라 미덕으로 보며 성공적이고 호혜적인 공존은 삶의 방식의 다양성 **때문에**(∼**에도 불구하고**가 아니라 말이죠!) 지평을 넓히고 경험을 풍부하게 하면 가능하다고까지 말합니다. 종교적 용어를 사용하지만 모든 사람은 여기서 다른 사람의 권리를 침해하지 않는 한, 다른 사람에게 그러한 권리를 거부하거나 박탈하지 않는 한 자신의 하느님을 소유할 권리를 가집니다. 그것은 하버마스의 '입헌적 애국주의'와 비슷한데, 문화적 자기 정체성(인종성, 언어, 관습)을 누릴 권리와 충돌하지 않으며 실제로는 그에 대한 가장 신뢰할만하고 믿을 만한 보호를 제공해주지요.

당신이 니힐리즘적인 명제, 즉 "차이들은 별다른 의미를 갖지 않으며, 모든 것이 유동적으로 되고 맥락에 따라 '지금 여기의' 경험에 따라 색깔을 바꾼다"는 명제에 반대할 때 우리는 다시 견해가 완전히 일치하게 됩니다. 그러한 반대의 목소리를 드높이는 데서는 레비나스가 당신의 동맹자가 될 수 있을 것입니다. 차이들은 실제로 차이를 만듭니다. 이 때문에 그것들이 중요한 것이죠. 그것들이 어떠한 종류의 차이인지가 중요하지요. 각각의 차이는 자신에 고유한 관용구 속에서 표현되려고 한다는 단서가 달리죠(우리는 서로 다른 관용구 속에서 그러한 차이들을 표현하는 경향이 있는 것이죠. 즉 다르다는 것을 굳이 감추지 않으며 오히려 다른 측면들을 강조하면서 말입니다). 하지만 저는 레비나스가 구원을 타자와의 만남이 아니라 자아 내부에서 찾았다고는 생각하지 않습니다(그는 그러한 만남 각각이 도덕〔성〕을 낳는다고 믿었습니다). 제가 이해하는 바로는 앞서 인용된 그의 성찰들은 유혹이 무엇으로 우리를 유혹하는지와 관련되어 있습니다. 그것은 정확히 자유의 순간이 되는 것에 의해 유혹합니다. 하나의 문을 열고 다른 문을 닫는 순간이 그것입니다. 유혹이 없는 삶은 노예 상태의 삶입니다. 아무런 전망 없이 똑같은 일이 지루하게 반복되는 삶 말이죠. 모든 것이 멈추어져 있으며 환경은 무기력하고 사람은 무능하며 불운에 시달리는 삶 말이지요. 유혹에 굴복한 이후의 삶 또한 노예 상태의 삶일 것입니다. 비록 그러한 피해를 당한 후에야 그러한 진리에 이르고 전형적으로는 그러한 지혜를 얻지만 말입니다. 오직 유혹의 상태만이 자유의— 아주 짧고 간과하기 쉬우며 또는 오독하기 쉬운—순간입니다. 선택의 가능성은 아직 살아 있으며, 문은 여전히 열려 있지요. 주사위는 아직 던져지지 않았지만 다음 순간 일단 유혹에 굴복하면 그렇게 될 것입니다. 저는 레비나스의 성찰을 경고로 읽습니다. 즉 유혹은 타나토스의 위험천만하고 교묘한 술책이라는 것이 그것입니다. 그것은 걸려들 수 있는 자유의 매혹을 동원하지요. 조심하십시오! 자유는 노예의 미끼가 될 수 있습니다(지옥에 이르는 길이 아주 좋은 의도에 의해 깔리는 것과 흡사하게 말입니다). 조심하지 않으면 당신이 문턱을 넘기 전에 앞에 있는 감옥을 눈치 채지 못하고 당신 뒤에서 문들이 닫히는 소리를 듣게 될 것입니다.

하지만 제가 레비나스의 그러한 성찰들에 기댄 것은 인간들을 향한 하느님의 초대, 세상을 도덕적으로 만들어 창조의 사업을 완수하는 데 참여하라는 초대는 자유의지라는 선물(독)에 의해 드러난다는 점을 지적하기 위해서였습니다. 거기에는 온갖 혜택과 함께 올가미가 딸려 있지요.

오비렉 좋습니다. 저희가 목표로 하는 것은 논쟁이 아니라 투쟁에서 나오는 단 하나의 것, 단일한 진리에 이르는 것이지만 말입니다. 진리의 유혹은 유일성이 아니라 도달 불가능성에 기반하고 있는 것이 아닐까요? 우리는 영원히 논쟁을 하면서 이 문제를 해명해볼 수도 있을 것입니다. 로마제국의 역사에 대한 다소 진지한 판단에 대한 저의 무신경한 언급에 대해 후회막급이라는 말씀과 함께 논의를 시작해야겠습니다. 그것은 유일신론자들의 주장을 다소 심술궂게 평가했으니까요. 저는 동시에 당신이 옳다는 것은 인정하면서도 그러한 입장을 옹호할 생각입니다. 당신이 절대로 옳다는 말로부터 이야기를 시작해보겠습니다. 유일신론이 다른 신들의 존재 가능성을 필연적으로 배제하는 것은 아니죠. 오히려 당신이 정확히 지적하듯이 그것의 존재이유 자체는 그것들에 맞서 싸우는 것입니다. 저는 당신 의견에 절대적으로 동의합니다. 유일신론의 구조는 근본적으로 불가지론적이라는 것이지요. 그것은 갈등으로부터 존재이유와 힘을 끌어옵니다. 저는 또한 벤느의 주장에도 기꺼이 동의할 생각인데, 유일신론에 대한 그의 회의적인 접근 내부에는 실제로는 훨씬 더 위협적인 다른 다신론적 종교 형태들의 존재에 대한 의심(저는 기꺼이 이것을 공유합니다)이 숨어 있기 때문입니다.

어떻게 이런 일이 일어날까요? 한 분의 참된 신을 믿는 사람들이 정말로 한분의 신을 믿는지 아니면 하느님을 상상하는 그들만의 지역화된 방식에 경의를 표하는지를 검토해봅시다. 제가 벤느의 '자칭' 유일신론에 동의하는 것은 그러한 의미에서입니다. 진짜 얼굴을 감추기 때문에, 별 어려움 없이 다양한 신에게 경의를 표할 수 있는 포함적 종교의 공감적 특징들을 결여하고 있기 때문에 그것이 다신론보다 훨씬 더 위협적입니다. 다양한 형태의 한 분의 하느님께 찬사를 드릴 수 있다는 제 생각은 유토피아적이라고 말씀하셨습니다. 동의하지만 유토피아들은 한때 일어났으며 당신 눈앞에서 일어나고 있을지도 모르는 변화들의 척도가 아닌가요? 저는 정말 그렇다고 믿습니다. 유일신론을 믿는 사람들의 진정한 문제는 그들이 차이들을 관용하지만('나의 하느님'을 믿는 모든 사람은 내 형제나 자매가 됩니다) 한편으로는 새로운 벽을 쌓는다는 사실에 기반을 두고 있습니다. 그러한 벽들은 무너지지 않습니다. 일단 단 하나의 진리를 이미 소유하고 있는데 계속 그것을 추구할 이유가 무엇이란 말입니까? 유일하게 남겨진 일이라곤 그것을 다른 사람들에게 선언하는 일, 그렇게 하는 게 불가능하다면 그것을 믿도록 강요하는 것뿐이지요. 진리를 소유하는 것은 몸과 마음을 다 빼앗는 일이어서 그것 둘레에 쌓여진 벽들은 단지 점점 더 강력해지고, 높아지고, 정복 불가능하게 됩니다. 대화와 상호작용은 불필요해질 뿐만 아니라 심지어 쓸데없는 것이 되며 진리를 소유하고 있다는 축복을 방해할 뿐입니다. 남아 있는 유일한 것은 개종뿐으로 눈을 뜨고 극단적인 상황에서는 적대자를 배제하거나 죽여 버리는 일뿐입니다. 이것이 제가 유일신론의 추종자들에 반대하는 주요한 이유입니다.

저는 잊지 않았습니다. 저 자신은 하느님은 한분이라고 믿는 사람입니다. 결국 기독교인인 셈입니다. 심지어 로마 가톨릭 교도이죠. 정말로 제 자신의 신앙을 위반하고 있는 것들에 대해 쓰고 있는 셈입니다. 저의 유일한 변명이라고는 여러 해 동안 이 과거의 부담들을 극복하려고 시도해오고 있었다는 것뿐입니다. 저는 누구도 개종시키거나 배제하고 싶지 않습니다. 그와 정반대입니다. 당신이 지적한 대로 저는 다양성과 다수성으로 이끌리게 되었습니다. 하느님은 한분이라는 것을 믿는 신자로 제가 오랫동안 굴복해온 유혹을 극복할 수 있는 가능성을 거기서 보기 때문입니다. 당신 덕분에 한때 아주 즐겁게 읽었던 바르트가 제시한 구분을 상기해보는 것이 유용할 것입니다. 그어진 경계선들은 종종 가열한 논쟁의 원천이 되며 삶의 유동성, 다름에 대한 추구 때문에 실패할 운명이라는 그의 말을 옳습니다. 종교에서만 그러한 것이 아닙니다(비록 종교에서 신출내기의 현상은 특히 두드러지지만 말입니다. 더 위대한 대의에 걸맞은 열정을 갖고 과거의 낡은 신앙을 버리고 열정적으로 새로운 신앙을 옹호하는 사람들 말입니다). 최근에 생겨난 신생 민주주의들의 경우에도 우리는 또한 소위 '역사 정치'의 경우에서 그것을 볼 수 있는 것처럼 보입니다. 최근에 작고한 탁월한 슬라브학자인 보브로빈카Maria Bobrownicka(1920~2012, 폴란드의 언어학자로 슬라브 문학과 역사를 함께 연구했다)는 민족에 대한 낭만적 환상이라는 '신화의 마약'에 대해 슬라브인들에게 경고한 바 있지만 아무 소용도 없었습니다. 그러한 신화들은 예언자들이 무시로 내뱉는 말들 속에서뿐만 아니라 보다 광범위하게는 민족 전체에서 순진함의 신화들로 꽃을 피우고 있습니다. 그렇게 해서 죽었다 깨어난 역사 정치의 챔피언들은 오직 폴란드인들만이 역사의 시험을 통과했으며 우리 폴란드인들의 행위는 유일하며 반복 불가능하다는 말로 저를 설득시키려고 했습니다. 하지만 저는 벨라루스의 독재자들의 궁정의 역사가들은 두말할 필요도 없고 리투아니아인들과 우크라이나인들, 슬로바키아인들도 그와 비슷한 시련을 견뎠다고 생각합니다. 저는 이 모든 나라에서, 종종 스페인, 터키, 중국처럼 아주 먼 곳에서 온 제자들을 가르치고 있는데, 그들은 모두 나름의 역사를 갖고 있습니다. 말하자면 반복 불가능하고 유일한 역사를 말이죠. 이러한 다성음은 결코 불협화음이 되지 않습니다. 그것은 역사가들, 특히 정치 전문가들의 상상력을 넘어선 어떤 것들에 미묘한 주해를 다는 형태를 띠게 될 것입니다.

마지막으로 다시 레비나스로 돌아가 당신이 제기한 유혹 문제를 살펴보고 싶습니다. 저는 그의 저서를 너무 문자적으로 읽었으며, 일방적으로 불공정하게 읽었다는 점을 인정해야 할 것입니다. 만약 타자가 도덕이 무엇인지를 이해할 수 있는 방법을 가르쳐주었다면 저는 여기서 타자들로부터 가로막혀 있다거나 차단되어 있다고는 말할 수 없을 것입니다. 남아 있는 유일한 일은 마음을 열고, 남을 마주할 위험을 감수하는 것뿐이지요. 그것은 의미론의 문제일 것입니다. 혹시 제가 유혹을 피하기 위해 너무 열심이었을까요? 저는 그것을 악이나 죄와 연결시켰으니까요. 따라서 이것에 대해 생각해보고 나의 양심을 찾아야 합니다. 악마가 성수로부터 달아나듯이 제가 혹시라도 이해의 씨앗을 담고 있는 것은 아닌지 묻지도 않은 채 유혹으로부터 달아난 것은 가톨릭적 배경 하에 훈련받았기 때문일 것입니다. 한편 레비나스에게서—그리고 바우만 당신에게서—유혹을 즐기는 것은 중요하며, 심지어는 도덕을 구성하는 일이며, 그리하여 인간이라는 특징을 구성하는 것이라는 주장에 대한 웅변적인 옹호를 발견할 수 있습니다. 만약 그렇다면 물론 저도 동의할 것입니다. 저는 유혹에 몸을 맡길 것입니다. 그것이 새로운 것과 미지의 것의 도래를 알려주기 때문입니다. 더 나아가 당신이 앞의 발언을 마치면서 한 말, 즉 "인간들을 향한 하느님의 초대, 세상을 도덕적으로 만들어 창조의 사업을 완수하는 데 참여하라는 초대는 자유의지라는 선물(독)에 의해—드러난다"는 말을 상기시키고 싶습니다. 만약 신의 초대를 유혹이라고 부른다면 단지 바보만이 그것을 받아들이지 않을 것입니다.

바우만 친애하는 오비렉 선생님, 아마 논쟁이 레비나스로 하여금 유혹의 신성한 출처를 사유하도록, 저로 하여금 그의 가설을 인정하도록 영감을 불어넣어준 주요한 유혹이었을 것입니다. 하지만 제(그리고 레비나스도 동일하다고 추정합니다만) 동기와 관련해 보자면 저로 하여금 논쟁을 복원시키도록 이끈 것은 단 하나의 진리에 도달할 수 있으리라는 전망이 아니라 의심이라는 순간,

미완, 비규정, 비결정이라는 순간, 주눅이 든 존재의 갈라진 틈에서 새어나오는 진리의 희미한 불빛이었습니다. 즉 아무것도 아직 확실하게 규정되지 않고 겉으로는 모든 것—만약 모든 것이 아니라면 적어도 무한히 많은 것—이 여전히 가능하고, 따라서 다른 때라면 필연성의 가면 뒤에 비겁하게 숨겨져 있을 책임이 계시될 기회가 존재하게 될 때 말입니다.

논쟁의 지평은 '하나의 진리'(사실을 말하자면 수식어구가 없는 진리—진리라는 이름에 걸맞은 유일한 진리)라는 당신의 지적은 맞습니다. 하지만 진리의 불가지론적 내력을 고려해볼 때 저는 진리의 유혹을 개념적으로 파악하기 위한(즉 여행에 구체적인 목표를 주어 그것이 없다면 여행이 목적 없는 표류로 전락할 수 있는 것을 막는) 그러한 논쟁을 찬양할 것입니다. 진리가 그러한 유혹을 실현시켜 줄 수 있는 잠재력을 얼마나 가졌는가를 둘러싼 논쟁보다는 말이죠. 논쟁하는 것은 '~하기 위해'의 영역으로, '~ 때문에'의 고수에 의해 양쪽에서 괴롭힘을 당하게 됩니다. 괴테의 파우스트처럼 아마 이렇게 말하고 싶을지도 모르겠습니다. "내가 순간을 향해 멈추어라! 너 정말 아름답구나! 하고 말한다면Werd ich zum Augenblicke sagen Verweile doch! Du bist so schön." 하지만 괴테가 경고하듯이 그러한 욕망에 대한 벌은 지옥불입니다.[6] 20세기에 산전수전을 다 겪은 우리와 같은 전문가들의 경우 지옥불보다는 강제수용소를 가리키고 싶은 유혹을 느낄지도 모르겠습니다.

아무런 잘못도 없는데 왜 어떤 수감자에게 잔혹한 행위를 가하는지를 묻자 레비의 《아우슈비츠에서 살아남은 자》의 카포는 "이곳에 왜 따위는 존재하지 않아"라고 외치죠.[7]

블랑쇼는 대답은 질문의 저주라는 말로 그와 비슷한 우려를 표한 바 있습니다. 저는 시인이 아니라 사회학적 산문을 쓰는 기능공에 가깝기 때문에 간단히 이렇게 말하고 싶습니다. 즉 논쟁이 있는 만큼만 자유가 있다고 말이죠. 도덕적 존재가 되려고 노력하는 인간으로서 저는 이렇게 덧붙이고 싶습니다. 자유가 있는 만큼만 책임이 있다고 말이죠. "진리의 유혹들은 유일성이 아니라 도달 불가능성에 기반을 두고 있는 것이 아닐까요?"하는 당신의 질문에 대해서는 이렇게 대답하고 싶습니다. 바로 그 첫 번째 매력에 유혹의 올가미가 들어 있으며, 두 번째 매력에 구원의 기회가 포함되어 있다고 말이죠.

당신이 "우리는 영원히 논쟁을 할 것"이라고 말한다고 해서 슬프다거나 걱정이 되거나 하지는 않습니다. 어떤 쪽인가 하면, 오히려 제가 걱정하는 것이라곤 이야기꺼리가 떨어지면 어떻게 할까 하는 것뿐입니다. 그러한 두려움은 근거가 없지 않은데, 우리 논쟁이 합의로 나가야 한다는 생각이 점점 더 커지게 될 것이기 때문입니다. 약간 다른 팔레트를 이용해 우리 논쟁의 색깔을 칠하지 않는 한 말이죠. 예를 들어 당신이 인간의 발달에 유일신론자들이 영향을 미치는 것은 "그들이 차이들을 관용하지만('나의 하느님'을 믿는 모든 사람은 내 형제나 자매가 됩니다) 한편으로는 새로운 벽을 쌓는" 문제를 갖고 있다고 지적할 때, 유일신론의 속성에 대한 저의 목록에 이 쟁점이 빠져 있었던 것이 너무나 슬픕니다. 물론 당신 말씀이 옳습니다. 여기서 우리 둘 사이에 어떠한 의견의 불일치도 찾아볼 수 없습니다. 따라서 논쟁을 벌일 아무런 이유도 없습니다.

엄청난 영향력을 행사하고 있는 정치학자 퍼트남Robert D. Putnam은 '사회적 자본social capital'이라는 개념을 도입해 유행시켰는데, 지금 그것은 사회과학에서 널리 받아들여져 사용되고 있습니다. 사회적 연대와 상호 신뢰의 밀도와 지속성은 개인이 '사회적 둥지'라고 부를 수 있는 것을 짜고 덧대기 위해 사용하는 실로, 그러한 실의 질이 직물처럼 짜여진 사회 구조의 밀도와 지속성 모두를 규정한다는 것이죠.[8] 퍼트넘은 두 종류의 사회적 자본을 구분합니다. '다리를 놓는 것'과 '접착하는 것'이 그것입니다. 비록 제 생각으로 그는 두 **유형의 자본**이 아니라 두 가지 **이용 방식**을 묘사하고 있는 것처럼 보이지만 말입니다(만약 그렇지 않다면 그렇게 해야 할 것입니다!). 또는 그러한 자본이 사용되는, 사용되는 경향이 있는 두 가지 **목표**를 말이죠. 사회적 자본을 '다리를 놓는 데' 이용하는 것은 사회를 발전시키려는 노력들에서 찾아볼 수 있는 반면(그와 반대되는 것, 즉 다리를 놓는 일의 부재는 사회의 퇴보에서 드러납니다) '접착하는 것'의 경우 자본은 집단들을 접합시키고 물려받은 또는 성취한 지위 속에 단단히 자리 잡도록 하는 데 사용됩니다(예를 들어 특정 집단에 대한 외부인들의 접근을 제한하는 것이나 불청객들을 배제하거나 집단의 성원들에게 부여되는 자유로운 선택권을 제한하는 것 등이 그것입니다). 퍼트남의 이론 중 우리 주제와 가장 관련이 큰 것은 사회적 자본이 사회 조직의 건축용 블록으로 가진 보편성(편재성) 또는 그것의 용도의 다재다능성이라고 할 수 있습니다. 동지들 또는 전우들―이들은 항상 충성에 대한 신뢰에 의해 규합되어 있으며 변절의 위험을 최소화하고 있습니다―이 함께 존재하는 것은 표적을 유혹적으로 열어놓는 데뿐만 아니라 해자를 파고 도개교를 들어 올리고 성벽을 구축하는 데도 결정적입니다. 실제로 그것은 두 가지 용도로 사용되고 있습니다. 이 두 가지 상반되는 목표는 머리와 꼬리 같다고 말씀드리고 싶습니다. 양면이 없는 동전은 존재할 수 없지요. 크기는 모두 다르지만 우리가 소유하고 있는 사회적 자본은 강력한 칼입니다. 모든 칼은 이 두 길을 모두 닦는 특징을 갖고 있다는 점을 기억하는 것이 중요합니다. 유일신을 따르는 교회들뿐만 아니라 모든 사회 집단은 발달하기 시작하면서 통합/분리, 합병/격리, 포함/배제, 열기/닫기의 변증법으로부터 생존 자본을 끌어옵니다. 집단 형성의 모든 행위에는 이처럼 정반대되는 과정들이 긴밀하게 관련되는데, 이런저런 집단에 주어지는 관심의 비율뿐만 아니라 그러한 과정들의 비율은 상황이 다르면 달라질 수 있지만 두 과정 중의 어떤 것도 완전히 제거될 수는 없습니다. 그 과정들은 정도와 강도는 다양하지만 범죄 집단과 '국경없는 의사회'의 존재들 속에서도 찾아볼 수 있지요. 이것은 제가 너무나 많은 경우에 적용해 타당성을 검토해보려고 하는 안전과 자유의 변증법의 경우와 비슷합니다. 이 둘이 공존하기는 어렵지만 상대방이 없으면 어떤 일도 해나갈 수 없습니다. 우리의 인간 세계는 그렇게 짜여져 있으며 우리는 그런 상황 속에 그런 식으로 놓여 있기 때문에 한 손으로 박수를 칠 수 없는 것과 마찬가지로 이 둘이 없으면 살 수 없습니다.

창조라는 행위를 완성해야 할 사명을 완수해야 할 우리 손에는 모호한 무기가 주어져 있습니다. 다른 무기는 없으며, 무장의 이중적 효력은 불가피하게 됩니다. 저는 인간이 다른 사람을 개종시키거나/또는 배제하고픈 충돌을 끊을 수 있다고 생각하지 않습니다. 두 성향 모두 인간이 세계-내-에 존재하는 방식의 필연적이며 불가피한 구성요소입니다. 우리가 세계를 도덕적으로 만들어야 하는 짐을 짊어지고 있는 것은 다른 무엇보다도 이 때문입니다. 우리 사명의 궁극적 완수, 즉 창조의 완성이 영원히 연기되는 것 또한 이 때문입니다.

하느님은 우리에게 선에 이르는 길을 닦는 것을 돕고 악에 이르는 길을 막도록 권함으로써 우리에게 쉬운 삶을 약속하지 않았습니다. 하느님은 아담에게 이마에서 흘린 땀으로만 빵을 얻을 수 있을 것이라고, 이브에게는 산고 속에서 아이를 낳을 것이라고만 선언하셨습니다.

오비렉 우리가 더 이상 논쟁거리가 없을까봐 정말 진지하게 걱정하시는군요. 저는 전혀 걱정되지 않습니다. 세계를 보는 당신의 방식과 저의 방식 사이에 많은 친화성이 존재하는 것으로 느끼고 있음에도—너무나 만족스럽게도 말입니다—여전히 차이도 존재하는 것을 볼 수 있습니다. 차이가 우리 둘 사이의 친화성을 한층 더 흥미롭게 만들고 있습니다. 레비나스에 대해 조금 더 논해보겠습니다. 그는 당신에게는 너무나 가깝고 결국 저로부터도 그리 먼 것은 아닙니다. 그럼에도 당신은 행위 자체는 거의 의도되지 않은 행위, "주눅이 든 존재의 갈라진 틈에서 진리의 희미한 불빛이 새어나오는" 미완의 상태라고 말하지만 저는 그러한 희미한 불빛이 조금 걱정입니다. 고도로 연마한 도덕심을 가진 사람을, 레비나스처럼 타자의 출현epiphany 속에서 "타인의 출현은 그 자체로서ipso facto 그에 대한 나의 책임"[9]임을 인식하는 사람을 다루는 경우에는 당신의 견해에 완전히 동의합니다. 하지만 만약 이 타자가 위험해 보이는 경우 또는 이용해야 할 희생자로 보이는 경우 가능성의 희미한 불꽃으로 무엇을 해야 할까요? 저는 결론을 아쉬워하고, 사물들을 이름으로

부르고, 분명한 조건을 규정하고, 경계를 설정할 것입니다. 결국 경험이 가르치는 대로 모든 만남이—당신의 말을 빌리자면—"책임이 계시될 기회"가 되는 것은 아니기 때문입니다. 제가 이 모든 말을 하는 것은 우리 견해가 충돌할 이야기꺼리는 결코 바닥나지는 않을 것임을 설득시키기 위해서입니다.

퍼트남에 대해 들려주신 이야기는 아주 매력적입니다. 하지만 퍼트남은 사회적 자본의 이중적 의미에 대해서만 쓴 것이 아닙니다. 그의 분석이 그토록 설득력 있는 것은 그가 사회적 믿음의 부식과 희석을 지적한 최초의 사람이었기 때문입니다. 그는 자신의 세대의 미국인들은 집단 오락—이것은 해당 집단을 강화시켜주고 심지어 더 강하게 결속시켜줄 것입니다—보다는, 그의 저서 제목을 떠올려보자면 '혼자 볼링을 하는 것'을 더 좋아한다는 것을 지적한 최초의 사람이었습니다. 당신이 "사회적 둥지'를 덧대는 것"은 사람들을 보다 가깝게 만들고 세계를 익숙하고 가정과 같은 것으로 만든다는 점을 강조한 것은 옳습니다. 2010년에 캠벨David Campbell과 공저로 내놓은 동일한 퍼트남의 새로운 저서인 《미국적 우아함American Grace》이 매우 의미심장한 동시에 헌신적인 신앙인의 무력감을 드러내는 부제를 갖고 있는 것은 시사적이지 않습니까?(당신도 알다시피 퍼트남은 유대인들이 신앙을 대하는 방식이 보다 진지하다고 생각해 유대교로 개종했습니다) '종교는 우리를 어떻게 단합시키고 분열시키는

가?'[10]가 그것입니다. 이 책은 동일한 신앙을 따르는 사람들 사이의 분열과 점증하는 긴장을 놀라운 방식으로 기록하고 있습니다. 예를 들어 점점 같은 사람들 사이에서 차이가 커져가며 분열을 거듭하는 사람들은 앞서 논의한 대로 유일신론의 추종들뿐만이 아닙니다. 서로를 점점 커져가는 적대감과 불신감을 갖고 바라보는 기독교도들 자체도 그렇습니다(유대인들과 무슬림들 사이의 내부 분열에 대해서도 동일한 이야기를 할 수 있을 것입니다). 퍼트남과 그의 협력자가 수집한 자료는 솔직히 사람을 몹시 울적하게 만들며, 미국 사회의 '전통적인 종교적 본성'의 세속화에 반대하는 사람들의 위안적인 통계를 새롭게 조명해줍니다. 한쪽은 다른 쪽이 과도하게 자유주의적이며 소위 '세계'에 지나치게 열려 있다고 비난하는 반면, 다른 쪽은 반대자들이 근본주의자이자 광신자들이라고 비난함으로써 앙갚음하고 있습니다.

이것을 어떻게 설명할 수 있을까요? 너무나 공들여 묶어놓은 사람들 사이의 끈들이 왜 동일한 손들에 의해, 그것을 만들어낸 것과 동일한 논지(전통 그리고 이 전통에 대한 해석—그것은 정확할 뿐만 아니라 신의 의지와 일치합니다—에 대한 충실)에 의해 헤어지고 잘라지고 있을까요? 초점을 좁혀보겠습니다. 폴란드에서 벌어지는 언쟁들을 가만히 살펴보면 극단화가 증가하고 있음을 볼 수 있습니다. 그것들을 설명할 방법을 찾을 수가 없습니다. 볼수록 오리무중입니다. 우리는 지금까지 동일한 세계를 상이한 관점에서 관찰한 바에 대한 견해를 나누어 보았습니다. 당신은 자신을 '사회학적 산문을 쓰는 기능공'에 가깝다고 겸양하셨는데, 이때 당신이 실제로 무엇인가를 생각해내신 것이나 마찬가지라는 사실을 감추고 싶지 않습니다. 당신이 말하는 기능공은 정말 흥미진진합니다. 심지어 당신은 저보다는 훨씬 더 많은 것을 간파할 수 있다는 생각이 듭니다. 저는 켜켜이 쌓인 신학 문헌을 붙잡고 씨름하고 있는데, 그것들 바깥에서는 점점 더 인간적인 것은 인식하지 못하고 있습니다. 하지만 종종 그것은 그만큼도 하느님과 공유하고 있지 않다는 생각이 듭니다. 그러한 생각은 최근 벡Ulrich Beck에 의해 분명해졌는데, 당신의 추천으로 그의 저서(《자기만의 신A God of One' Own》)를 정독 중인데, 이제까지는 신학자들의 전유물이던 현실을 그가 얼마나 예리하게 묘사하는지를 보고 크게 놀랐습니다. 사회학자들이 신학자들과 종교학자들에게 영적 감수성을 제공해 신의 세계에 대해 그들의 눈/우리의 눈을 뜨도록 해야 할 때가 된 것이 아닐까요?

이것이 도발인지 아니면 겸손함, 제가 살고 있는 세계를 경험할 수 없는 무능력에서 나온 요청인지 모르겠습니다만.

바우만 당신은 "그러한 희미한 불빛에 대해 조금 걱정입니다"라고 말하셨습니다. 저도 당신의 걱정을 공유하고 있습니다. 저의 경우에는 '조금 걱정'이 아니라는 점만 빼고 말입니다. 저는 아주 심각하게 걱정하고 근심하고 있습니다! 이 걱정과 전율을 잠깐 생각해본 후 저는 그렇게 하기를 그만두었습니다. 다른 어떤 대안들보다 그것이 더 나은 것으로 입증될 것이기 때문입니다.

에덴동산의 나무는 선**과** 악의 나무(선악과)였습니다. 이 이름은 단숨에 지어졌는데, 선과 악을 구분해 별개의 것으로 만들면 전자도 또 후자도 아무런 의미가 없게 되기 때문입니다. 사과를 맛보기 전에 아담과 이브는 둘이 벌거벗었다는 것을 몰랐습니다. 원초적 조화로 축복받은 천국의 세계에 잘못을 저지를 여지는 존재하지 않았으며, 잘못할까봐 두려워할 필요도 없었습니다. 하지만 선이라는 생각이 존재할 여지도 없었습니다 (세상을 창조하던 엿새째 되는 날은 하느님이 하신 '~에 좋았더라'라는 문장에 의해 요약되지 **않는**, 이 문제를 인류에게 열어놓은 유일한 날임을 주목합시다). 이 최초의 쌍은 하느님과 일상적으로 접촉하며 살았으며, 만약 질문을 받았다면 신이 여러 해 후에 모세에게 하게 될 것과 동일한 대답을 할 수 있었습니다. 하지만 사과를 먹은 후에는 더 이상 그렇게 할 수 없었습니다. 그들은 선과 악이 존재한다는 것을, 둘 중의 하나를 선택해야 한다는 것을 알았습니다. 만약 선택이 존재한다면 잘못에 대한 책임도 존재해야만 하며, 따라서 불확실성이 존재하게 되었습니다. **불확실성**

이 태어난 순간은 **도덕**이 태어난 순간이었습니다. 도덕적 **자아**와 함께 아슬아슬한 줄타기를 하고 있음을 알고 있는 자아가 말이죠. 그러한 인식이 추방된 쌍과 그들의 자식이 천국으로 돌아가는 것을 천사들이나 미쳐 날뛰는 칼들보다 효율적으로 보장해줍니다! 올바른 선택을 하도록 만드는 규칙을 가진 도덕률이 추방자들이 명백함(대안들로부터의 자유)의 천국으로부터 도움을 받지 않아도 되도록 해줄 것이다. 모든 **규칙**은 상이하게 행동할 가능성이 존재한다고 가정합니다(그렇지 않다면 규칙이 존재할 이유가 무엇일까요?!). 따라서 유혹들의 존재를 가정하게 됩니다. 도덕적 자아가 존재할 수 있게 되는 것은 유혹들의 존재 덕분입니다. 유혹의 유혹은 도덕적으로 되려는, 즉 선을 택하고 악을 거부하려는 유혹에 있습니다. 이것은 그들을 광야로 이끌게 될까요? 하지만 천국에 광야는 존재하지 않았습니다! 등등 이렇게 무한대로 계속할 수 있을 것입니다. 도덕은 쉬운(걱정에서 자유로운, 평온한이라고 읽어라) 삶을 위한 처방전이 아닙니다. 그러한 처방전이라면 도덕이 아닐 것입니다. 하느님은 두 사람에게 선택하라고 명령하심으로써, 유혹의 유혹에 노출시킴으로써 인간들을 창조 행위에 참여하라고 초대했습니다. 창조의 본성에서처럼 창조에 말이죠(그리고 일반적으로 말해 모든 자유의 본성에 말이죠). '위험'이나 '희생'을 '감수하지' 않고 그러한 일은 이루어지지 않을 것입니다. 우리의 동쪽 국경 너머에 있는 이웃들이 이렇게 말하듯이 말입니다. "늑대들이 두려우면 숲으로 들어가지 마라volkov bojat' sia, w les nie chodit."

작업장에서, 이웃에서, 일가를 이루고 있는 사람들 사이에서, 우리의 모든 주변에서, 심지어 외로움을 피하기 위해 찾는 장소들에서, 즉 온라인 '사회적 네트워크들' 내부에서 홀로 볼링을 하는 사람들을 살펴보기로 합시다. 우리 세계는 연대에 점점 덜 알맞은 것이 되어가고 있습니다. 공동체들 '사회라는 몸체'로 나누어진 세계는 연대성의 공장이었습니다. 인간이 사는 세계를 연약한 사회적 연대와 규범의 부재라는 맥락에서 자기를 규정하고 자기를 확인할 책임을 짊어지고 있는 개인들로 나누는 것은 그와 정반대로 상호 의심과 경쟁의 공장을 가져오게 됩니다. 어떤 문제를 해결하기 위한 연합체를 제외한 모든 연합체의 가치를 평가절하하며, 구체적인 단기 과제를 해결하기 위한 것을 제외한 모든 공유된 행동을 평가절하하지요. 그 결과 지뢰밭이나 유사流砂 위에서 살게 되며, 이것은 분명한 지도들과 바위 위에 새겨진 이정표에 대한 지속적인 향수를 대대적으로 낳습니다. 명령할 수 있는 권한을 부여받은 동시에 무오류라고 믿어지며, 모든 추종자를 개별적 책임이라는 불쾌한 짐으로부터 해방시켜 줄 지도자뿐만 아니라 가죽 끈, 입마개, 족쇄에 대한 향수 말이죠. 이것은 새로운 현상이 아닙니다. 프롬Erich Fromm, 래쉬Christopher Lash가 이미 '자유로부터의 도피'의 메커니

즘과 동역학에 대해 다채롭고 상세한 묘사를 제공한 바 있기 때문입니다. 하지만 목적이 없으며, 외롭다고 느끼는 것, 버려지고 금지 당할지도 모른다는 두려움이 지금처럼 강력했던 적은 결코 없었습니다. '불확실성을 모르던' 덜 불안한 세계에 대한 향수가 이처럼 압도적인 때도 결코 없었습니다. '자발적 예속'에의 유혹이 오늘날처럼 저항하기 어려웠던 적도 없었습니다. 종교적 믿음이나 교회에 이러한 상태에 대한 책임을 돌리지 맙시다. 노마드적 갈망과 꿈이 비록 맹목적이지만 열병에 걸린 것처럼 닻을 내릴 항구를 찾고 있습니다. 따라서 수요가 고갈되지 않는 한 제공될 수 있는 계류장—비록 미끼는 다양하지만 그것들이 하는 약속들은 놀랄 정도로 비슷합니다—은 결코 부족하지 않을 것입니다. 세속적 또는 종교적 근본주의가 동일한 토양에서 번성하고 있습니다. 종교적 분파나 정치적 분파, 시장의 기업들은 '유대 없는 인간Mann ohne Verwandschaften'의 뇌리를 떠나지 않는 '나는 불충분하다'는 동일한 생각을 먹이로 삼고 있습니다.

오비렉 저는 끝에서부터 시작해보겠습니다. 당신은 종교적인 것이든 아니면 세속적인 것이든 근본주의의 온상은 동일하다고 말씀하셨습니다. 표지판과 확실함에 대한 갈망이 그것이라는 것이죠. 그것을 자신에게서는 발견할 수 없으며, 따라서 열심히 해결책을 구하기 위해 전문가와 권위자를 찾게 만들죠. 그것은 사실입니다. 통상 지구 전체를 대상으로 하는 갤럽의 조사 결과를 읽어봐도 그것이 정확함을 확인할 수 있습니다. 자기-정체성이 특정 종교에의 귀속 여부를 알아보는 여론조사에서 갤럽은 종교 공동체와 무신론자를 자임하는 사람들 사이에서 일어나는 부침과 변화를 검토한 바 있습니다. 신자들은 자신의 신앙이 올바르다는 확신을 갖고 있으며, 무신론자들은 세계의 주민들 사이에 합리적 확신들이 증가하고 있다는 것을 큰 희망을 갖고 추적하고 있습니다. 폴란드에서는 이 두 가지 느낌 모두 폴란드인들에 의해 공유되고 있습니다. 비록 신자 숫자가 분명히 다수를 이루지만 말입니다. 개인적으로 그러한 조사치에 큰 비중을 부여하지 않습니다. 신앙인이든 무신론자든 그 확신의 질에 대해 보다 큰 관심이 있기 때문입니다. 그것이 이들 집단의 공존의 질을 결정하게 되지요. 이 두 집단 모두에서 저는 일종의 양극화와 근본주의적 경향의 성장을 관찰하고 있기 때문에 그것은 그리 좋아 보이지 않는데, 이것은 종교에게든 또는 무신론에게는 길조가 아닙니다. 제 생각으로 이 두 집단 모두 강력하고, 논란의 여지가 많은 또는 심지어 모호하기 짝이 없는 주장을 내놓고 있는데, 그것은 지적인 방식으로 긍정되거나 부정될 수가 없습니다. 한 집단에게 종교적 경험, 신에 대한 믿음은 보편적 성격을 갖고 있으며, 문화적 경계들을 초월하는 것입니다. 바로 그러한 보편성이 비신자들(이들의 숫자는 감소하는 것이 아니라 증가 중입니다)의 현실적 존재 자체에 의해 의문시되고 맙니다. 두 번째 집단에게 존재들의 본질에 대한 성숙한 통찰을 증명하는 것은 종교를 참조하고 않고 존재하는 세계의 합리성입니다. 이 믿음 또한 마찬가지로 문화적 경계들을 초월하는 것처럼 보입니다. 모든 곳에서 그것을 볼 수 있기 때문입니다. 최근에 작고한 콜라코프스키(1927~2009, 폴란드의 철학자이자 사상사가로 마르크스주의 사상에 대한 비판적 '수정주의적' 해석으로 유명하며 후기 작업에서는 점점 더 종교 문제에 초점을 맞추었다)의 냉철하고 통찰력 있는 고찰을 회고할 만한 가치가 있을 텐데 "신앙도 타당하고 불신앙도 타당하며 둘 모두 문화에 필요하며" 가장 중요한 것은 이 두 입장 사이의 창조적 긴장이라는 것입니다.[11] 여기서 핵심적인 고찰을 지적하고 싶습니다. "**불확실성**이 태어난 순간은 도덕이 태어난 순간이었습니다." 그렇게 말하는 가운데 당신은 미지의 것을 일별했다는 두려움을 제거하고픈 저의 욕망을 건드리고 있는데, 그것 또한 악을 선택할 수 있는 가능성을 포함해 다양한 가능성을 포함하고 있습니다. 그것은 불편한 발견이지만 정화의 기능을 갖습니다.

저는 이 세계에 사는 대다수(아마 전부?) 사람들과 동일한 소재로 형성되어 있습니다. 그것은 우리가 공유하고 있는 인간의 조건conditio humana이며, 그렇지 않다고 주장할 아무런 이유도 없습니다. 이러한 운명을 공유하고 있다는 사실을 인식한다면 사람들 사이의 긴장과 양극화를 줄일 수 있을 것입니다. 특히 폴란드에서, 다른 나라들에서도 말이죠. 이 모든 것에도 저는 종교사회학자들의 통찰에 관심을 갖고 있는데, 그들은 흥미로운 상호의존을 인지하고 있습니다. 저는 바니악Józef Baniak 교수의 심층적 연구서와 마리안스키Janusz Mariański 교수의 세심한 추정치들에서 유래하는 결론들을 생각하고 있습니다. 두 분 모두 폴란드의 종교사회학자들로 폴란드어로 여러 권의 책을 냈지만 아직까지 영어로는 번역되지 않았습니다. 두 분의 연구 결과, 폴란드인, 특히 젊은 세대의 점증하는 종교적 회의주의는 폴란드 가톨릭교회가 제공하는 것의 질과 긴밀하게 연결되어 있음이 드러났습니다. 특히 학교에서 소위 '종교 교육'을 받아야만 하는, 보다 정확하게는 가톨릭 교리문답의 다소 설득력 없는 주입을 받아들여야 하는 학생들과 대학생들 사이에서 원한이 증가하는 것을 목격할 수 있습니다. 그리고 그것이 가톨릭 고위층의 정치적 참여와도 비슷하게 상호 연결되어 있음을 관찰할 수 있습니다. 우리는—바라기로는 결정적으로—지나간 시기 동안에도 그와 유시한 연관 관계를 관찰할 수 있었지 않습니까? 그때는 공산당에 의한 무신론의 주입이 실패한 바 있지요. 그것을 공식화하려는 대규모 노력은 점증하는 저항에 부딪히고 말았죠.

그렇다면 무엇을 해야 할까요? 근본적인 불확실성에서 태어난 도덕적 계시의 깜박거리는 불꽃을 어떻게 하면 꺼뜨리지 않을 수 있을까요? 저는 정말 모르겠습니다. 지금 머릿속에 떠오르는 것이라고는 민감한 감수성을 유지할 필요가 있으며, 힘을 갖고 있다는 느낌으로부터 유래하는 과도한 확신을 조심해야 한다는 것을 모든 사람에게 상기시켜야 한다는 것뿐입니다. 그리고 힘이라고 하는 것이 통상 환상적인 것에 불과한 만큼 그것의 소유자는 전형적으로 그것을 너무나 뒤늦게 깨닫고 말지만 말입니다. ……

3
지식인들

바우만 출발점으로 다시 돌아가 신은 인류의 불충분함에 대한 인정이라는 콜라코프스키의 주장을 살펴봅시다. '신자들'은 이 (영원한, 치유 불가능한) 불충분함을 알고 있는 반면 무신론자들 (은근슬쩍이고 몰래이기는 하지만 또한 불가지론자들. 이들은 무신론자들이 맞는다는 것을 의심하지만 자신의 의심들을 공개하거나 파스칼의 내기를 따를 정도로 충분히 대담하지는 않지요)은 인간의 이러한 불충분함을 부정하거나 오직 조건적으로만 인정하며 그것을 인간이 우주를 지배하면 더 이상 지속되지 않을 일시적 문제로 간주합니다. 두 집단 모두 세계와 인간 존재의 극도로 불완전한 이미지로부터 총체성을 조립합니다. 두 집단은 겉으로는 대립적인 방식으로 그렇게 하지만 상호이해는 두말할 필요도 없고 대화와 관련해서는 동일한 결과에 이르게 됩니다. 일단 세계에 대한 이미지가 완성되면(또는 이처럼 조립하는 행위 덕분에 '지각 가능한 것이 되면') 그러한 이미지에 맞지 않는 의견을 듣기 위해 귀를 쫑긋하는 것은 그저 시간 낭비에 불과하게 됩니다. —또는 배신행위가 되지요. 그렇게 귀에 닿는 것들을 들으면 그렇게 힘들여 달성한 정신적 평화를 완전히 망쳐버리게 될 것입니다. 여기서 제가 논하는 '불충분함'은 두 얼굴을 갖고 있습니다. 무지와 불능이 그것입니다. 무지란 인간 정신이 파악할 수 없지만 그것 안에는 분명히 어떤 논리가 들어 있습니다. 인간 정신이 이해할 수 있는 종류의 것이 아닙니다. —불합리하기 때문에 믿는다

credo quia absurdum가 그것입니다. 그러면 무능이란 무엇일까요? 어떤 힘들은 결코 인간에 의해 정복될 수 없습니다. 결코 예견 가능하게 되거나 인간의 의지에 굴복하지 않습니다. 인간이 발사하지만 인간을 넘어선 존재, 즉 신이 총탄의 방향을 정하지요. ……

이 불충분함은 두 개의 배경을 갖고 있습니다. 사회적 배경과 개인적 배경이 그것입니다. 첫 번째 것은 계몽주의의 합리주의의 탄생에 도움이 되었는데, 그것은 인간이라는 종은 아무리 두 손, 이성과 기술을 사용하더라도 결코 세계를 완전히 알거나 지배할 수 없다는 생각에 맞서 태어났습니다. 우리의 개인주의 시대에 우리는 '인간이라는 종'은 완벽하게 이해 가능하다는 생각을 포기하게 되었습니다. 대신 우리를 우울하게 만드는 것은 불완전함의 개별적 변종입니다. 세계는 인간의 행동들에도 **불구하고** 뿐만 아니라 **그 결과로서도** 파악 불가능하고 통제 불가능하게 되었습니다. 심지어 저는 개인적으로 **그들**(다른 사람들)의 의도와 행동들과 관련해 무지하며 무능합니다. 자기 자신의 힘만으로 물리치기에는 (사회적) 악은 너무나 많지요. 제1차세계대전 동안 독일인들은 병사들의 벨트에 '하느님의 가호가 있길 Gott mit uns'이라는 문구를 새겨 넣었습니다. 지난 올림픽 동안 무수한 주자들이 개인적으로 출발 전에 열렬하게 십자가를 그었습니다. 그들은 '나의 하느님'에게 좌와 우의 동료들에게서 어드

밴티지를 빼앗고, 그들이 승리하지 못하도록 해달라고 요청했습니다.

거기서 유래하는 딜레마는 쿠체J. M. Coetzee에 의해 멋지게(제가 할 수 있는 것보다 훨씬 더 멋지게) 제시된 바 있습니다. 다소 길지만 그의 글을 인용해 보겠습니다.

지적 설계 운동의 배후에 있는 사람들을 지지하거나 할 생각은 전혀 없다. 그럼에도 나는 계속해서 무작위적 돌연변이와 자연선택에 의한 진화가 설득력이 없을 뿐만 아니라 복잡한 유기체들이 어떻게 존재하게 되었는지에 대한 설명은 터무니없다고 생각한다. 만약 우리 중 집파리를 아무런 사전 지식도 없이 어떻게 구성하는지에 대해 아무리 미미한 지식이라고 갖고 있는 사람이 없다면 집파리는 우리 자신의 지력보다 더 높은 수준의 지력을 가진 어떤 존재에 의해 만들어진 것이 틀림없다는 결론을 어떻게 지적으로 조야한 것으로 폄하할 수 있을까? 만약 이와 관련해 누군가가 조야하다면 서구 과학의 작동 규칙들을 인식론적 공리로 격상시킨 후 과학적으로 창(또는 과학이 선호하는 보다 소심한 용어를 사용하자면, **타당한 것**)인 것으로 입증될 수 없는 것은 진(타당한 것)일 수 없다고 주장하는 사람이 그라고 할 수 있다. ……

인간 존재들은 공간과 시간의 기원, 무의 존재, 이해 자체의 본성 같은 것을 이해하고, **파악하려고** 할 때 왜 마치 심연을 마주하기라도 하듯 전형적으로 외경심, 즉 마음이 흠칫하는 것을 경험하는 걸까? 그러한 결합이, 즉 지적 파악의 불충분함을 그러한 파악이 불충분하다는 의식과 결합시키는 것이 진화적으로 어떤 이점을 가져다주는지 모르겠다.[1]

궁극적으로 쿠체는 마레Eugène Marais(남아프리카공화국의 박물학자이자 20세기 시인)의 연구 결과에 의존해 체념한 듯한 결론에 이르고 있습니다. "자신이 불충한다는 의식적인 지식에 의해 표시되어 있는 지적 도구는 진화에서 나타난 일탈이다."[2]

그러면 오비렉, 당신은 어떻게 생각합니까?

오비렉 쿠체는 독특한 현상이며, 바로 우리가 토론하고 있는 상황에 대한 그의 날카로운 분석을 화제로 꺼내주셔 반갑기 그지없습니다. 한편으로 그는 이제 막 출현하고 있는 인식의 원천들(이것이 우리 인간을 다른 피조물들로부터 구분해주는 기준처럼 보입니다. 심지어는 여기서도 확실성은 존재하지 않습니다!)에 대해 언급하고 다른 한편으로는 그것을 신격화하고픈 유혹 속에 잠복되어 있는 위험한 가능성들을 지적하고 있습니다. 제가 이해한 바로는 '**지적 설계 운동**의 배후에 있는 사람들'에 대한 노골적인 불쾌감은 바로 이로부터 나옵니다. 쿠체는 말을 너무나 노련하게 부리는 사람이기 때문에 심지어 단 한 단어도 가볍게 다루지 않습니다. 그는 짜증이 나는 것은 **지적 설계**가 아니라 사람들을 개종시키려는 이 운동의 시도라고 말합니다. 그는 자신이 무슨 말을 하고 있는지를 압니다. 자신의 종교성에 전율해 있는 미국과 같은 나라에서 그러한 프로젝트에 대한 의구심을 표현하는 모든 사람에게 지상의 지옥을 만들 놓는 것은 바로 그러한 압력들이죠. 하지만 재기 넘치는 도킨스의 팬들 또한 완전히 안심할 수는 없을 텐데, 쿠체는 그들을 위해서도 쓴 약을 손에 쥐고 있기 때문입니다. 그들의 이론은 회의적 시선을, 특히 악의를 전적으로 결여하고 있다고는 할 수 없는 촌평(쿠체는 그것은 "설득력이 없을 뿐만 아니라 터무니없다고 생각합니다"라고 말합니다)으로 보충된 그러한 시선을 버텨낼 수 없을 것입니다. 간단히 말해 쿠체의 위의 단편은 저의 불확실성을 확대할 것을, 심지어 그것 안에 남아 있을 것을 권하고 있습니다. 그가 이것에 대해 글을 쓰는 방식이 정말 마음에 듭니다. 단지 넌지시 말하고 말뿐이기 때문입니다. 그처럼 신중한 태도 속에서 저는 그의 믿기 힘든 재능과 미래를 내다보는 선견지명을 간파할 수 있습니다. 그러한 종류의 접근은 우리 세계의 기원, 발전과 연속에 대해 확정적인 대답을 하려는 모든 시도를 피할 수 있도록 해줍니다. 또한 종교적이든 무신론적이든 모든 종류의 전문가들과의 날카롭고도 철저한 대결이기도 한데, 그들은 대의에 대해 보다 커다란 열정을 갖고 있기 때문에 결국 추종자들에게 확정적인 대답을 내주게 되지요.

바우만 선생님, 당신은 그것에 대해 쿠체 못지않게 명료하게 쓰면서 증거를 수집하려는 열정들을 지적하셨습니다. 그것으로부터 물러나는 것은 너무나 힘들고, 점점 많은 추종자가 무리를 지어 그러한 일에 몰려들고 있지요. **지적 설계** 또는 임시변통으로 만든 이 이론과 마찬가지로 임시변통으로 만든 이데올로기는 '이단들'을 박멸할 수 있도록 선험적으로 수용된 명제가 아닐까요? 진화론 모델─이것은 앞서 언급한 도킨스에 의해 무수한 저작에서 너무나 능수능란하게 제시된 바 있습니다─은 그의 복사服事들(아마 본인은 아닐 것입니다)이 '멍청이들'을 조롱하는 데 쓰이고 있는 것이 아닐까요? 그것은 생명과 의식의 기원에 대한 모든 성찰을 제한하는 속담에 나오는 도리깨가 되지 않았습니까? 제게는 문학이 그것을, 저희 대화에서도 화제가 되고 있는 것, 즉 미지의 것을 명명하는 데 유용한 매체가 되어가고 있는 것처럼 보입니다. 제게 문학 이론을 가르쳐준 야기엘로니안 대학교의 마르키에비츠Henryk Markiewicz 교수는 문학을 이데올로기의 용해제라고 부른바 있습니다. 저는 그것이 문인들을 비하하는 것이라고는 생각하지 않으며 문학에 대한 존경심의 표현이자 문학의 사회적 가치에 대한 인정이라고 생각합니다. 당신이 위의 단편을 가져온 책이 주는 교훈은 여전히 제

앞에 있습니다. 위의 단편은 많은 문제들, 즉 그것의 해결이 근대성의 건축가들에게 너무나 많은 어려움을 만들어냈으며 여전히 우리를 괴롭히고 있는 문제들에 초점을 맞추어줄 수 있는 일종의 렌즈로 사용될 수 있을 것입니다. 데카르트를 너무나 황홀하게 했던 '나는 생각한다 고로 존재한다'는 스피노자에게서는 회의론의 원천이 되지 않았습니까? 그는 (동시대인들에게서는 너무나 씁쓸하게) 신 즉 자연deus sive natura에서 대답을 찾았지요. 저 자신의 주체성이나 신성한 본성이 어떤 안식을 주는 것 또한 아닙니다. 저는 또한 쿠체가 언급하는 마레의 생각에서 그것을 발견하는 것도 아닙니다. 그러면 무엇이 남을까요? 절망, 체념이 그것입니다. 저는 그것을 믿고 싶지 않습니다. 혹시 바우만 선생님, 무엇인가를 제시해보실 수 있을까요? 제가 보여주고 싶으신 어떤 희망의 원천을 갖고 계시는지요?

바우만 이 궁지에서 빠져나가기 위해 또 다른 저자를 소환해 보겠습니다. 이번에는 안데르스Günther Anders〔1902~1992, 독일의 저널리스트, 철학자, 반핵 운동가. 하이데거의 제자로 기술 시대의 철학적 인류학을 정초한 것으로 유명하다〕입니다. 그는 '프로메테우스 신드롬〔원래는 '자신은 무지한 사람에게 자신의 지식을 나누어주는 지식인'이라고 생각하는 것을 가리키나 안데르스에게서 이것은 결국 불행을 가져옴에도 불구하고 인류가 계속 문명화와 기계화를 추구하는 병적 욕망을 가리킨다)'이라는 개념을 만든 바 있습니다. 이 신드롬은 우리가 **발견하는** 것과 **만드는** 것의 빼어남에 의해 우리가 하나같이 고통을 당하는 식으로 나타납니다. 첫 번째 것과 두 번째 것 모두 우리가 뛰어넘을 수 없는 높이로 장벽(쿠체가 언급하는 집파리처럼 우리가 발견하는 것. 그것은 우리가 복제할 수 없을 정도로 너무나 교묘하게 만들어집니다. 유도 미사일이나 컴퓨터 같이 우리가 만드는 것. 그것들은 우리를 훨씬 더 능가합니다. 우리는 얼마나 유약하고 불운한 존재입니까. 그것들은 엄청난 파괴력과 함께 정확함이라는 단조로움을 갖고 있어 철저하게 신뢰할 수 있습니다)을 세운다는 것이죠. 게다가 수세기동안 우리가 할 수 있는―보다 빈번하게는 할 수 없는―한 최대한 그들을 따라잡기 위해 열심히 애써 왔음에도 그렇다는 것입니다.

프로메테우스 신드롬은 프로메테우스적 창피함을 프로메테우스적 질투와 뒤섞습니다. 우리는 열등함을 창피해하지만 그것을 피하고 기계들과의 대등성을, 또는 더 좋게는 우월성을 획득하려는 아주 강한 충동으로 가득 차 있습니다. 무수한 연구실의 수도 헤아릴 수 없을 정도로 많은 연구자가 **자연**(즉 신인)이 파리의 다리를 만들어낼 수 있도록 할 수 있는 공정을 연구 중입니다. 그렇게 되면 캘리William Laws Calley 중위의 병사들은 밀라이 촌에 헬리콥터를 착륙시켜 최첨단 기관단총과 네이팜탄을 동원해 창피할 정도로 형편없는 효율성으로 해낸 일을 자신들 손으로 해치우고 싶은 유혹에 저항할 수 없을 것입니다(1968년 베트남에서 구정 공세 이후 미육군 보병 소대장 윌리엄 캘리 중위가 월남인 500명 가량을 남녀노소 구분 없이 학살한 사건에 대한 은유인데, 막상 캘리 중위는 휘하 병사들로부터 '고문관' 취급을 받았다고 한다).

미지의 것과 다루기 까다로운 것에 대한 두려움 이외에도 프로메테우스 신드롬은 생각과 행위 모두의, 이해와 잠재적 행위 모두의 불충분함을 이용해 견딜 수 없는 상태를, 소외를 가져오는 동시에 수치심을 불러일으키는 상태를 만들어냅니다. 예견 가능한 미래에 개인적 불충분함과 사회적 불충분함이 극복될 전망을 거의 찾아볼 수 없을 경우 두려움과 마찬가지로 그것을 우리가 제거할 수 있으리라는 희망 또한 찾을 수 없게 됩니다. 이 신드롬이 인간 존재와 분리 불가능한 속성이라는 증거는 사방에서 찾아볼 수 있습니다. 그렇다면 우리에게는 무엇이 남을까요? 단지 이 성가신 동료와 화해하는 방법을 배우는 것밖에는 남아 있지 않지요. 기껏해야 보다 해로운 측면들을 완화시키는 일을 할 수 있을 뿐입니다. 불충분함을 편안해하게 됨으로써 말이죠. 그것이 그것의 침의 독을 제거해줄 테니 말입니다. 제가 읽은 바로 쿠체가 하려는 이야기가 바로 그것입니다. 즉 진화로부터 일탈된 존재라는 생각과, 우리는 결코 그러한 존재이기를 그칠 수 없으리라는 예견과 화해하자. 우리의 산업으로는 결코 달성할 수 없는 성취들이 존재한다는 생각과도 말이죠. 요약하자면 하느님이 존재하든 그렇지 않든 우리는 신이 아니며 신이 될 수 있는 기회를 가질 수 없다는 생각과 말입니다.

둘 중 어느 것도 실제로 그렇게 큰 희생을 요구하지는 않을 것입니다. 우리 자신의 한계들과 화해하게 된 후 우리가 생각하고 만들기 위해 남겨두게 될 것들은 무수한 세대를 분주하게 만들기에 충분하고도 남음이 있을 것이기 때문입니다. 예를 들어 그처럼 무수한 세대들이 존재할 수 있도록 하기 위해 우리가 해결해야 할 지적·물질적 도전들을 받아들이는 것입니다.

오비렉 작가들의 그러한 생각들은 아주 흥미롭군요. 저희에게는 익숙한, 심지어 명백해 보이는 것들을 다시 생각해볼 것을 촉구할 정도로 말이죠. 예를 들어 안데르스의 '프로메테우스 신드롬'이 그렇습니다. 제 친구인 정신과 의사는 정신과 의사들과 사제들은 동일한 병을 잃고 있다고 말하곤 하죠. '메시아 신드롬〔자신이 다른 사람보다 훨씬 우월하다고 믿으며, 이 때문에 자신이 구세주가 될 수 있다고 믿는 것이다〕'이 그것입니다. 우리는 사람들에게 말할 뿐만 아니라 또한 무엇인가를 하고 있다고 확신하고 있습니다. 우리가 돌보아주고 있다고 믿는 환자와 회개자들에게 그 결과는 종종 참혹합니다. 비록 저는 2005년부터 '사목일'은 하지 않으며, 따라서 메시아적 유혹에 덜 시달리고 있지만 그것이 얼마나 심할지를 잘 압니다. 다시 안데르스로, 인간이 자신이 창조하는 대상들과 맺는 역설적 관계에 대한 그의 신랄한 분석들로 돌아가보죠. 그것들은 자신을 만든 사람으로부터 떨어져 나갈 뿐만 아니라 가공할 형태를 취해 자신을 만들 사람을 정복해 수치심과 굴욕감을 불러일으킵니다. 저는 렘〔1921~2006, 폴란드의 소설가로 20세기의 대표적인 철학적 SF작가이다. 대표작으로는 《솔라리스》가 있다〕의 책들에서도, 특히 《기술학대전 Suma technologiae》에서 그와 비슷한 진단에 마주친 적이 있는데, 이 책의 관점이 얼마나 폭넓은지 깜짝 놀라고 말았습니다. 깜짝 놀라는 것이 당연히 것이 안데르스는 렘을 기술 시대의 극소수 철학자 중의 하나로 간주하기 때문입니다. 안데르스의 '프로메테우스 신드롬'의 핵심을 파악하기 위해 그의 《인간의 노후화Antiquiertheit des Menschen》(저는 왜 아직도 이 책이 폴란드어로 번역되지 않았는지 이해가 되지 않습니다. 우리가 사는 세계를 이해하려고 하는 사람이라면 누구나 읽어야 할 필독서인데도 말입니다[3])로 돌아가야겠습니다. 그런데 지금 렘과 다 나누지 못한 대화가 기억나는군요. 당시 아주 감동적이었던 것으로 기억나는데, 지금도 그때 일을 생각하면 그의 빼어난 지성과 보기 드문 감수성에 여전히 경이로운 느낌을 금할 수 없습니다. 이 일에 대해 여러 차례 쓴 바 있지만 우리 대화를 위해 한 번 더 그에 대해 이야기해보겠습니다.

렘의 도덕적 불안감에 깊이 공감한 저는 그에게 세계와 사람들에 대한 깊은 우려는 어디서 나오냐고 질문했습니다. 결국 저는 바보같이 그것은 인류의 도덕적 조건에는 무관심한 그와 같은 무신론자들이 아니라 신자들의 영역, '하느님의 종들'의 영역이라고 말하고 말았습니다. 당시 저는 사제였고, 말하자면 도덕에 대해 집요할 정도로 관심을 가진 사람 중의 하나였습니다. 렘이 어떻게 저를 일거에 무너뜨렸는지는 당신도 상상하실 수 있을 것입니다. 그는 어깨를 으쓱하더니 "내가 보기에 정말 놀랍고도 이해가 불가능해 보이는 것은 무심하게 아무 생각도 없는 사람, 특히 사제들과 전문 직업상ex professo 도덕과 관련된 일을 하는 사람들, 무엇보다 종교적 열정을 공유하려는 의지를 가진 사람의 숫자가 줄어드는 것에 대해 우려하는 신자들이 보이는 그러한 태도"라고 신랄한 목소리로 언급했습니다. 안데르스의 반응도 비슷할 것이라고 생각합니다. 제가 기억하기로는 사망 전에 가진 마지막 인터뷰 중의 하나에서 무책임하게도 희망을 결여하고 있다는 반복되는 비난에 대해 그는 마찬가지로 무책임한 방식으로 희망을 부추기는 것보다는 그것이 항상 더 낫다고 생각한다고 대답했습니다. 그는 철학자 블로흐Ernst Bloch를 염두에 두고 그런 말을 하고 있었던 것인데요. 자기가 옹호하지도 정당화하지도 못하는 희망을 무책임한 방식으로 부추기는 블로흐를 그는 용서할 수 없었을 겁니다. 바우만 선생님 안데르스의 '프로메테우스 신드롬'에 주목하도록 함으로써 당신은 희망과 다른 형이상학적 지탱물들로부터 물러남으로써 주변 세계를 바라볼 때 날카로운 시선을 얻을 수 있다고 제안하시는 것이라고 생각하는데, 확신이 들지 않는군요. 저는 그렇게 생각하면서 렘과의 대화에 대해 언급하고 싶습니다(2006년 봄에 예기치 못한 그의 급서로 인해 비극적으로 중단되고 말았습니다). 그의 소설들에서 그토록 매력적으로 표현된 그의 무신론은 제게 도저히 어떻게 물리치고 저항하기 힘든 유혹으로 다가왔다고 고백하자 그는 정말로 공포에 사로잡혀 이렇게 외쳤습니다. "하느님은 제게 누구에서든 신앙을 빼앗는 것을 금하고 있습니다!" 바로 이 공포가 그의 무신론이 얼마나 진정한 것인지를, 나 자신의 신앙이 얼마나 문제적인지를 이해할 수 있도록 해주었습니다. 너무나 심오한 경험이어서 저는 부단히 그것으로 돌아가며, 크라쿠프에 갈 때마다 살와토리 공동묘지에 있는 그의 무덤으로 서둘러 달려가 어떤 것이 사태의 진상인지를 묻곤 합니다.

당신도 알다시피 저는 모든 것을 신앙 및 무신론과 결부시키고 있습니다. 비록 전자도 또 후자도 이 시점에서는 가장 중요한 것이 아니라는 점을 잘 알지만 말입니다. 중요한 것은 우리가 우리 손으로, 그리고 정신으로 창조한 것들을 갖고 무엇을 하느냐는 것입니다(결국 무신론과 신앙 또한 그러한 사물의 질서에 속합니다). 우리가 하는 선택들—이것들은 우리의 세계관에 따라 이루어지지요—의 손에 잡히는, 입증 가능한 결과들이 이 둘의 진리와 진정성을 증명해주지요. 그러한 관점에서 볼 때 그것들은 대단한 것은 아닙니다. 실제로 그것들은 점점 더 나빠지고 있습니다. 인류는 어떤 것을 하면 할수록 상태가 더 나빠지며, 안데르스의 프로메테우스적 창피함은 서서히 명백히 인간적인 잘못으로 변형되고 있다는 느낌인데, 이에 대해 당신은 여러 차례 쓴 바 있지요. 안데르스의 제자 중의 하나인 사르트르가 쓰는 대로 우리는 서로에게 지옥이 되고 있습니다. 임박한 파멸을 피할 수 있는 여지가 있을까요? 마음속으로 별다른 희망을 찾아볼 수 없다는 생각이 듭니다. 제 바깥에서는 훨씬 더 그렇고요. 따라서 당신이 제안하는 대로 우리에게 남아 있는 것이라곤 있는 그대로의 현실을 냉정하게 받아들이는 동시에 정신적 차분함을 고수하려고 하는 것뿐일지도 모르겠습니다. 신통할 것도 없는 생각이지만 비극적 현실주의가 낙관적인 환상보다는 낫겠죠.

바우만 선생님, 다시 한 번 당신의 저서들에 대해 살펴보고 싶습니다. 당신을 만난(2000년 크라쿠프에서였지요. 그때 저는 선생님을 설득해 《영적 삶》에 '비신자들은 무엇을 믿는가?'라는 주제로 글을 청탁 드리는 데 성공한 바 있습니다) 후 우리를 둘러싼 모든 것, 세상에서 벌어지는 모든 일에 대해 당신이 얼마나 엄밀하게 대하는지 감탄을 멈춘 적이 없습니다. 다른 한편 당신의 논평들은 모든 가능한 언어로 방송되고, 아주 흥미롭게 청취되고 읽히고 있습니다. 우리 시대의 가장 급박한 문제들을 밝히려면 지난 10년 동안 당신이 내놓은 책의 제목을 열거하는 것으로 충분할 것입니다. 이보다 훨씬 더 흥미로운 것은 당신이 그것들을 진단할 뿐만 아니라 원천들을 적시하고, 원인들을 조명하고, 신중에 신중을 기해 가능한 치유법을 제안하는 것입니다. 저는 당신의 저서들을 읽은 이후에는 그러한 쟁점들을 그와 다른 식으로는 생각할 수 없게 되었음을 인정합니다. 당신의 범주들과 생각들은 어찌나 큰 힘으로 저를 사로잡던지 저는 그것들에 저항할 수 없었습니다. 그러고 싶지도 않았습니다. 제 학생들도 마찬가지였습니다. 많은 학생이 당신의 저서에 기초한 학위논문을 쓰려고 결정할 정도였습니다. 그러한 주제의 목록을 제시하고 싶지는 않습니다. 당신의 성찰의 핵심에 가닿으려면 가장자리에서의 삶, 소모품이 되는 사람들, 소비하는 인간Homo consumans, 글로벌한 목동들—이 목동들에게 인간은 이윤을 얻기 위한 투기에서 가장 골칫거리인 요소입니다—에 의한 녹색 초지의 변형—이것은 오늘날 전 세계적인 관심사가 되었습니다—등을 언급하는 것으로 충분할 것입니다. 당신은 오늘날의 글로벌한 변형들 속에 놓인 개인에게 그것이 미치는 결과들에도 눈을 감고 있지 않습니다. 점점 더 새롭게 강력한 자극을 찾으며 지금 가진 것으로는 만족할 수 없으며, 현재의 삶의 지나가는 순간에는 아무런 즐거움도 느낄 수 없으며 부단히 미래의 환상을 쫓는―그것은 쫓으면 쫓을수록 그만큼 더 빨리 손아귀에서 빠져 나갑니다―유동적 현실의 참여자에 대해 큰 우려를 표하고 있습니다. 점점 더 영구적인 것이 되는 모든 고착은 다른, 훨씬 더 흥미로운 가능성들을, 여전히 미지의 것이지만 그래서 갈망하게 되는 가능성을 배제하는 것처럼 보입니다.

당신은 많은 글에서, 폴란드의 언론인들과 가진 많은 대담에서 이러한 분석들은 전혀 거리낌 없이 제출해왔기 때문에 당신의 촌평을 기다릴 지경이 되었습니다. 바우만은 어떻게 생각하는가를 알고 싶어 하는 것이죠. 동시에―공론장에서의 당신의 존재는 당신의 저서들이 "안정적이고 불변적인 가치"를 옹호하는 사람들이 열심히 내뱉고 있는 다소 비우호적인 욕설로 도배되는 데 기여하기도 했습니다. 그들에게 당신은 포스트모더니스트(그들이 실제로 이 말이 무슨 의미인지를 아는지는 확신할 수 없지만 말이죠), 니힐리스트, 풍기문란자, 모든 가치의 파괴자입니다. 당신은 감히 성우聖牛(지나치게 신성시되어 비판이나 의심이 허용되지 않는 관습이나 제도)에게도 손을 댄 정치인들, 정부, 심지어 한 민족 전체의 이데올로기적 거짓말―그것들은 전혀 가당히 않게도 민주주의, 탄력 있는 정체성, 앞서 언급한 안정적이고 불변적인 가치의 옹호자라는 명성을 누려왔지요―을 무자비하게 폭로하고 있습니다. 당신은 이에 대해 어떻게 생각합니까? 이해하려고 시도해 보지도 않고 어떤 의견과 생각을 공격하려는 이 열정은 어디서 유래하는 걸까요? 자신과 다른 견해를 가진 사람은 누구나 물리쳐야 하는 것을 존재이유로 가진 트롤〔부정적이거나 선동적인 글과 댓글을 인터넷에 게재하는 사람〕 같은 사람들에 대해서는 잊어버릴 수도 있을 것입니다. 저는 그들이 우리의 잠재적 동맹자가 될 수도 있지 않을까 생각해보고 있습니다. 그들 중에서도 합리적 신앙인들도 있을 수 있으니까요. 저도 그러한 사람들 중의 하나라고 생각합니다. 당신의 글에서 저는 저의 직관이 맞음을 확인하곤 하는데, 당신은 제가 할 수 있는 것보다 훨씬 더 정확하게 그것을 파악하고 계시지요. 동맹군을 얻고 있으며, 당신의 분석들은 좌파의 불만에 가득 찬 행동주의자뿐만 아니라 신앙을 가진 사람들에게도 흥미로울 것이라는 생각을 하시는지요? 어쩐지 그럴 것이라는 생각이 드는군요. 저는 몇 년 전에 로마에서, (가톨릭교회의 선교 활동을 운영하는) 우르바노 대학교collegium Urbanum에서 증거를 발견했는데, 그곳에서 당신의 저서들은 좋은 자리를 차지하고 있더군요.

바우만 소급적으로 작용해 소크라테스에게 독배를 대접한 아테네 시민들처럼 인류의 명예에 먹칠을 한 사례를 무효로 만들 힘을 가진 신들, 특히 셰스토프Lev Shestov의 신—그러한 신은 결코 존재해본 적이 없습니다—이 아닌 이상 당신도 나도 우리 과거를 무효로 만들 수 없습니다. 말씀하신 대로 바로 오늘까지 당신에게서는 모든 것이 하느님에 대한 신앙 및 무신론과 연결되어 있습니다. 저에게서는 모든 것이 인간을 인간으로 만들어주는 자격 그리고 인간을 신격화하는 것의 위험을 중심으로 돌고 있습니다. 우리는 모두 완전히 치유되지 않은 상처를 지니고 있습니다. 하지만 젊었을 때 우리는 다소 다른 불꽃에 손가락을 태웠으며, 다소 다른 화상에 입김을 부는 데 익숙해지게 되었습니다. 당신은 신앙의 강요에, 저는 인간의 신격화에 말이죠. 우리는 겉으로는 적대적인 진영들에서 켜진 모닥불에 의해 화상을 입었습니다. 우리 중의 하나는 메시아 진영에 속해 있었고 다른 한 명은 프로메테우스의 야영지에 있었습니다. 하지만 실제로 (아마 당신도 동의하실 텐데) 두 진영의 불꽃 모두 **인간의 한계**라는 동일한 이단을 위해 쌓아올려진 장작더미 위해 붙여졌습니다. 불에 그슬린 손가락을 호호 불며 당신과 저는 아마 체념하고 우리가 불충분하다는 것을 받아들이거나 적어도 그것을 받아들이는 쪽으로(예를 들어 하느님이 존재하는지 그렇지 않은지는 결코 알 수 없음을, 그리고 인간이라는 것은 그러한 사실을 발견할 수 없는 무능력에 그리고 그러한 인식과 함께 살 필요에 있음을 이해하는 쪽으로) 기울게 될 것입니다. 당신이 그러한 불충분함에 대해―전에는 무슨 죄를 짓기라도 하듯, 지금은 정신적 게으름의 징후인 양―사과하고픈 욕망에 시달리는 데 반해 저는 그것을 도저히 어찌할 수 없는 것일 뿐만 아니라 인간 조건의 본질적 부분으로 간주한다는 것을 제외한다면 말이죠.

하지만 공동 주제로 돌아가기로 하죠. 조상 중 '왜 아무것도 존재하지 않는 것이 아니라 어떤 것이 존재할까?'라는 질문을 최초로 한 사람이 누구인지는 알 수 없을 것입니다(그리고 결코 찾아낼 수 없을 것입니다). 일단 그러한 질문에 대한 대답을 찾아 나서는 것을 막기 위해 할 수 있는 일은 아무것도 없을 것입니다. 우리는 여전히 그것을 찾고 있습니다. 인간은 치유 불가능할 정도로 호기심이 많은 피조물에 속하는 종의 일원이기 때문이지요. 이제 곧 그렇게 한지 수천 년이 될 것입니다. 몇 년이 되는지 누가 알겠습니까. 후손들 또한 그러한 대답을 찾아 (우리를 포함한) 조상들 못지않은 시간을 할애할 것이라고 생각합니다. 우주의 크기를 얼마나 정확하게 가늠하던, 우주가 어떤 속도로 팽창하던, 우주에 얼마나 많은 차원을 부여하던(현재로서는 11차원을 부여하고 있지만 더 많은 차원이 존재하지 않는다고 누가 장담할 수 있겠습니까?), 얼마나 많은 나노 유효 범위의 원소, 하드론 등(또는 이 모든 것들 사이의 지식의 간극을 메우기 위해 사용하는 '암흑 물질')이 에너지와 물질의 단위에 추가되던 우리는 계속해서 인간의 정신으로서는 넘어설 수 없는 두 개의 동일한 한계에 머리를 찧고 말 것입니다. '무'와 '무한'이 그것들입니다. 그러한 이유로 풍부한 연구 자금이 제공되는 아주 존경할 만한 학문 분야인 '우주생성론'은 빅뱅 이후의 최초의 나노 초에 대한 묘사에

보다 많은 세부적인 내용을 덧붙여주며(왜 아니겠습니까?) 무로부터의 어떤 것의 창조의 영원한 역설과 영원한 지속이라는 생각 사이에서 꼼지락거리는 것을 결코 멈추지 않을 것입니다. 유한한 삶을 사는 동안 사용될 수 있도록 형성된 정신은 그러한 과제를 도저히 감당할 수 없을 것이며 감각 경험과 상충될 것입니다. 우리 대화가 사방에서 환기시키고 있는 인간의 불충분함의 지적 요소들은 바로 여기서 영원히 교착 상태에 빠져버리고 말았습니다.

창조자 하느님은 이러한 정신적 미로로부터의 출구를 제공하는 가설 중 가장 매력적인 것입니다. 하느님의 의도의 헤아릴 수 없음과 여러 권능을 그에 대한 개념 자체 속에 포함시키기 때문입니다. '무로부터 무엇인가를 창조한다'는 또는 시간과 공간은 무한한 본성을 갖고 있기 때문에 지적으로 파악 불가능하다는 역설을 해결하기보다는 우리가 그렇게 하기에는 불충분하다는 것을 받아들이는 것으로부터 일정한 만족과 정신적 평온함을 얻는 것이죠. 그와 반대의 가설, 즉 보다 지고한 힘의 어떠한 개입도 없이 어떤 것이 저절로 무로부터 생겨났다는 가설은 정신적으로 파악 불가능합니다. 정말로 그것은 타협을 요구하지 않으며, 인간의 정신에게 이해 불가능한 것을 이해하라는 비인간적인 솜씨를 요구하지 않으며 인간의 정신 앞에 이 정신으로서는 제대로 수행할 수 없는 과제를 제시합니다.

하지만 이 모든 일은 인간의 세계 - 내 - 존재의 영역 — 보다 간단하게 말하자면 일상의 현실의 영역과는 다른 영역에서 일어나고 있습니다. 그러한 일상의 장면으로 돌아가 — 사회학자라면 의당 그리 해야 할 것입니다 — 저는 팡글로스〔볼테르의《캉디드 또는 낙관주의》의 등장인물로 그가 하는 '세상은 최선으로 되어 있다Tout est pour le mieux' 말 대로 낙관주의를 대변한다〕도 도킨스도 따르고 있지 않다고 주장할 것입니다. 굳이 제 견해를 표명하도록 강요를 받는다면 캉디드가 한 말을 그대로 반복하겠습니다. 'il faut cultiver notre jardin〔그래도 우리는 정원을 계속 가꾸어야 한다〕.' 어떠한 부끄러움, 어떠한 도덕적 망설임도 없이 그렇게 말할 것입니다. 계속 반복해서 이야기하는 대로 도덕적 자아는 하늘에서 내려오는 계명이나 이성의 추론이 아니라 우리가 다른 인간들 및 우리의 연대에 의존하고 있다는 불굴의 사실에 의해 만들어지기 때문입니다. 당신이 정확하게 눈치 채고 있는 대로 제 대답에 렘에서 따온 한 문장을 추가하게 될 것입니다. "하느님은 제게 누구에서든 신앙을 빼앗는 것을 금하고 있습니다!" 차이가 있다면 저는 한 조각의 두려움도 없이 그렇게 할 것이라는 것이죠. 즉 인류라는 종은 그러한 사실을 스스로 깨달을 수 있는 능력을 갖고 있다는 저의 신뢰에 따라 그렇게 할 것입니다.

희망의 문제를 살펴봅시다. 만약 희망을 갖고 있지 않다면 저는 분명히 책을 쓰거나 강연을 하지 않았을 것입니다. 다른 사람이 듣거나 읽어줄 수 있다는 희망이, 그렇게 들어주거나 읽는 것이―혹시라도, 하지만 반드시는 아니겠지요―아무리 작더라도 '차이를 만들 수 있으리라'는 희망(로마는 하루아침에 만들어지지 않았습니다)이 없다면 굳이 말을 낭비하고 펜을 닳게 할 이유가 있겠습니까? 인간은 지금까지 쌓아온 것을 전부 무로 돌려버릴 수 있습니다. 저는 우리가 귀환불능지점에 도달했다고는 생각하지 않습니다. 지금 실제로 '귀환불능지점'에 이르고 있다면 이미 벌써 그러한 지점에 이르렀어야 하며, 그것도 불가역적으로 영원히 그렇게 되었다고 믿어야 하기 때문입니다. 비록 잿더미 아래에서이기는 하지만 희망의 희미한 불꽃이 일렁이는 한 우리는 그러한 가능성을 배제합니다. 저로 말하자면 흘라스코Marek Hłasko(1934~1969년. 1950년대 현실에 대한 환멸을 상징했던 작가)가 살던 시대에 제가 그가 떠맡았으면 했던 역할을 이번에는 제가 할 수 있기를 바라는데, 그는 이렇게 경고하고 싶은 욕구에 들려 있었죠. 즉 "네 꼴을 봐라, 네 행동이, 내가 하는 짓거리가 얼마나 방자한지를 보라. 정신 차려라, 하느님과 네 자신을 위해." 천상과 지상의 거의 모든 징후들은 함께 공모해 불안해하고 겁을 먹고 있는 사람들에게 위안을 주는 것을 거부하고 있는 것처럼 보인다는 당신 말에 전적으로 동의합니다. 만약 인류에게 어떤 희망이라도 있다면 그것은 희망 자체에 있습니다. 아직 희망이 살아 있다면 인류를 위해 부고를 쓰는 것은 아직은 시기상조입니다. 희망은 불멸이라는 믿음을 버릴 수가 없습니다. 하느님과 똑같이 희망은 오직 인류와 함께만 사라질 수 있습니다.

친애하는 오비렉 씨, 인간은 할 수 있습니다.

4

희망의 원천들

오비렉 당신으로부터 고백을 끌어내는 데 성공한 것도 같으니 이제 희망에 대해 논하면서 어디서 그것을 얻을 수 있는지를 이야기해봅시다. 바우만 선생님, 당신이 보기에는 철학(볼테르와《캉디드》)과 문학(흘라스코)은 우리에게 '나의 모든 것이 죽지는 않을 것non omnis moriar'임을, 또는 오히려 모든 것이 우리에게 달린 듯이 사는 것은 가치가 없음을 상기시켜주는 것이군요. 캉디드가 촉구하는 대로 '그래도 우리 정원을 계속 가꾸어야 한다'는 것, 그리고 흘라스코처럼 아주 강하게 상식의 힘을 믿는 것이 바로 그것이죠. 하지만 우리에게―적어도 제게는 말이죠―중요한 것은 텍스트뿐만이 아닙니다. 왜 통상 아무것도 존재하지 않기보다는 어떤 것이 존재하는지에 대한 또는 오히려 오늘날의 우주생성론이 우리 앞에 열어놓고 있는 방대한 차원들을 심사숙고한 결과들에 대한 당신의 여담excursus이 아주 흥미로웠는데, 그것은 하느님을 믿는 사람들뿐만 아니라 합리적 실험들에 만족하는 무신론자들을 현기증을 느끼게 만들 것이기 때문입니다. 원자의 구조에 대해 처음 들었을 때 아이들의 꿈이 떠올랐습니다. 저는 매료당했습니다. 경이로움으로 저를 가득 채웠음을 인정합니다. 모든 원자가 은하수같으며, 모든 은하수는 전자, 양자, 중성자를 가진 큰 원자 같다고 하니 말이죠. 오늘날 우리는 미립자들 내부의 다양한 소립자들조차 기억하지 못할 것입니다. 나중에 저는 이 아이들의 꿈이 별이 빛나는 하늘에 대해 칸트가 느낀 외경심의 다른 버전임을 깨달았습니다. 〔예수회를 창설한〕 로욜라 또한 애정 어린 눈길로 그러한 하늘을 응시한 바 있습니다.

당신이 화상火傷이라는 비유를 사용한 것은 정확하다는 생각인데, 수년이 지난 후에도 그것은 고통스럽게 무엇인가를 상기시키죠. 실제로 제게 가장 중요한 것은 그것이 아닙니다. 오늘날까지 제게 미소를 지으며, "오비렉, 비록 네가 다른 길을 가더라도 모든 게 괜찮을 거야. 만약 네가 왜 그렇게 하는지를 안다면 말이지"하고 말해주던 구체적인 얼굴들을 기억하고 있습니다. 이 이야기를 조금 더 해도 좋을까요? 선생님이 지금까지 길을 걸어오는데 도움을 주신 멘토들, 즉 프로메테우스적 믿음으로 이끌어주신 분이나 그것의 잘못된 약속으로부터 벗어나도록 도움을 주신 분들에 대한 이야기도 들려주실 수 있으시길 바랍니다. 제 경우에는 그러했지만 아무튼 당분간은 그 이야기를 좀 더 해보죠.

제가 이해한 바로는 구어든 문어든 말의 힘에 대한 믿음이 당신으로 하여금 새로운, 전혀 시시포스적이지 않은 과제들을 떠맡도록 해주고 있습니다. 당신 말대로 무엇인가를 변화시킨다는 확신, 결국 "말을 낭비하고 펜을 닳게 하면서도" 저널리스트들과 대담을 할 가치가 있다는 확신이 아니었다면—비록 종종 인터뷰를 하는 사람은 예상치 못한 결과로 이어지기도 했지만—결코 그러한 일을 하지 않았을 것입니다. 저널리즘의 기호에 맞게 무엇인가를 추가하지 않고 글을 쓰는 것이 분명히 더 안전할 것입니다. 그러한 과정의 즉흥적 성격이 저자의 생각과 의도에 유해한 결과를 덜 미칠 것이라는 희망을 일부나마 가져 볼 수 있기 때문입니다. 당신의 글이 부단히 새로운 언어로 번역되고 있는 사실은 당신이 옳은 의견을 말하고 있으며, 다른 사람들은 그저 머리만 굴리고 있는 것들에 당신은 이름을 부여하고 있음을 의미합니다. 하지만 이 이야기는 잠시 그만두기로 하겠습니다. 당신이 당신 이야기를 하는 것을 좋아하지 않는다는 것을 아니까요. 당신이 즐겨 언급하시는 벡이나 세네트(1943 ~, 미국의 뉴욕 대학교와 영국의 런던정경대학교 사회학과 교수이다. 유럽 지식인 사회에서도 주목받는 몇 안 되는 미국인 학자 중 한 명으로 노동 및 도시화 연구의 세계적 권위자이다) 같은 다른 사람들의 생각이나 글로 빠져나가는 것을 훨씬 더 좋아하시니까요. 당신이 가리키는 안내자들을 찾아보려고 했지만 당신의 희망의 원천들이 궁금합니다. 만약 저의 안내자들에 대해 이야기했다면 아마 당신의 기억을 자극하지 않았을까 하고 혼잣말을 해보곤 합니다. 전혀 걱정하지 마십시오. 그것은 단지 '중요한 사람들'의 전시관 같은 것이나 '나의 정신을 형성한 경험'에 대한 회고 같은 것은 아닐 테니 말입니다. 그것은 오히려 처음에는 그렇게 중요해 보이지 않았지만 제 삶에 들어온 어떤 사람과의 결산 비슷한 것이니까요. 그것을 묘사하기 전에 바우만 선생님, 당신의 구분에 대해 약간의 불만과 함께 이의를 제기하는 것을 허락해주십시오. 당신은 현명하게도 '겉보기로는'이라는 말로 그것을 약화주신 바 있지요. 당신은 이렇게 말씀하셨지요. "우리는 모두 완전히 치유되지 않은 상처를 지니고 있습니다. 젊었을 때 우리는 다소 다른 불꽃에 손가락을 태웠으며, 다소 다른 화상에 입김을 부는 데 익숙해지게 되었습니다. 당신은 신앙의 강요에, 저는 인간의 신격화에 말이죠. 우리는 겉으로는 적대적인 진영들에서 켜진 모닥불에 의해 화상을 입었습니다. 우리 중의 하나는 메시아 진영에 속해 있었고 다른 한 명은 프로메테우스의 야영지에 있었습니다." 감히 이렇게 말씀드리고 싶습니다. 우리 둘을 갈라놓고 있는 것은 실제로는 '메시아적인 것'과 '프로메테우스적인 것'이 아니라 우리의 삶의 경험, 또는 다름 아니라 어떤 것을 선택하도록 이끈 구체적인 사건과 만남이라고 말이죠. 깊이 따져보고 싶지는 않지만 1970년대에 보낸 10대 때 만약 제 신념을 납득시킬 수 있는 신념에 가득 찬 공산당원을 만났다면 저는 분명히 메시아적 진영이 아니라 프로메테우스 진영에 속했으리라는 것은 쉽게 상상할 수 있을 것입니다. 제도화된 형태의 종교에 참가하도록 저를 설득한 사람은 실제로는 (아마 자기도 모르는 사이에) 학술 단체, 지방자체단체, 정부 기관에 대한 저의 환멸을 참조하고 있었습니다. 그랬기 때문에 그들이 제시한 대안이 매력적으로 보였던 것입니다. 결국 가장 중요한 메시아의 경우도 사정은 그와 비슷합니다. 그는 어떤 교조가 아니라 삶의 방식('와서 보라')을 제안했으며, 신의 불꽃이 아니라 인간적 불꽃에 의존해 그렇게 했습니다.

혹시 길고 지루하게 말꼬리를 잡히지 않도록 애매하게 말한 것은 아닌지 모르겠습니다. 이제 드디어 제가 앞서 왜 이런 이야기를 꺼냈는지를 말씀드릴 수 있을 것 같습니다. 마르티니 Carlo Maria Martini〔1927~, 1944년 예수회에 입회하여 1952년 사제품을 받았으며, 1958년 그레고리안 대학교에서 신학 박사 학위를, 1965년 교황청 성서연구소에서 성서학 박사 학위를 취득했다. 1968년부터 1978년까지 성서대학원 학장 및 로마 그레고리안 대학교 학장을 역임한 후 1979년 교황 요한 바오로 2세에 의해 이탈리아 밀라노 대주교로 임명되었으며, 1983년에는 추기경으로 추대되었다〕 추기경 이야기가 그것입니다. 그렇습니다. 2012년 8월 30일에 사망한 후 무수히 이름을 듣게 된 바로 그분 말입니다. 저는 미디어가 그렇게 열심히 연속 보도한 내용에 대해서는 언급하지 않겠습니다(그가 한 이런저런 말이 무슨 의미인지에 대해 쓸데없는 추론에 빠지는 것을 피하기 위해서는 전문이 게재된 짧은 대담을 언급하는 것으로 충분할 것입니다). 이 추기경이 제 삶에서 중요한 역할을 했습니다. 심지어 일이 다 지나간 다음에 새삼 깨닫게 된 바지만 이처럼 오랫동안 예수회 교단에 머물 수 있는 것은 그분 덕분이었다고 감히 말씀드리고 싶습니다.

만약 마르티니가 예수회 회원이었다면 그것은 예수회 회원들이 이 땅에서 수행하고 전할 중요한 임무를 가진 적임자임을 의미하는 것이라고 믿었기 때문입니다. 저도 그들 중의 하나가 되기를 꿈꾸었습니다. 제가 그분의 저서 중 약 10여권을 '폴란드어로 번역한 것'은 이 때문이었습니다. 만약 폴란드의 가톨릭 신자들이 읽는다면 그분처럼 생각하기 시작할 것처럼 보였기 때문입니다. 그와의 대화를 앞에서 제가 언급한 계간지에 실은 것은 이 때문이었습니다. 세계 최대의 가톨릭 교구(신자가 1천만 명에 달했습니다)의 추기경으로 그가 어떻게 일을 풀어나가는지에 관심이 있었기 때문입니다. 저는 그의 방법을 지켜보았습니다. 그가 시작한 '비신자들을 위한 교회'에 관심이 있었습니다. 이 교회에서는 모든 사람이 말하도록 되어 있는 것이 아니라 실제로 자기가 생각하는 것을 말했습니다. 또한 전혀 주저하지 않고 운 좋게도 에코Umberto Eco—그는 기독교와 이탈리아 가톨릭교회와 결별한 상태였습니다—를 대화에 동참시켰습니다. 그보다 전에 교황청성서위원회의 위원장으로서 전 세계의 신학교와 접촉하는 가운데 제자들로 하여금 이스라엘 학생들과 히브리 대학에서 공부할 것을 촉구하기도 했습니다. 이 모든 것은 폴란드에서도 바람직한 접근 방법으로 모방하고 받아들여야 할 가치가 있는 것처럼 보였습니다. 그렇게 해보았지만 잘 되지는 않았습니다.

저는 아내와 함께 예루살렘에서 마르티니를 만났습니다. 2005년에 히브리 대학에서 명예박사를 수여받은 후 그의 강의가 있은 후였습니다. 강연에서 그는 《성경》은 유대인들과 기독교인들의 신앙을 위한 공유된 원천임을 누차 말했으며, 《성경》의 세계를 발견하자 즉시 잊어버렸지만 전에 철학 공부를 얼마나 열심히 했는지도 회고했습니다. 이 강의가 핑계가 되어 장엄한 다윗 왕 호텔 옆에 있는 예수회의 아름다운 예루살렘 사저에서 다시 한 번 그를 만나게 되었습니다. 우리는 철학과 《성경》을 주제로 대화를 나누었는데, 그저 사는 이야기를 나누었는지도 모르겠습니다. 마르티니 추기경은 예루살렘에서 임종하기를 바랐습니다. 이 도시는 그에게 각별한 의미가 있었습니다. 그는 사람들에게 무엇을 해야 하는지를 말하거나 대화의 필요를 광고하고 싶어 하지 않았습니다. 단지 그곳에서 살며 평화롭게 연구하고 읽고 기도하기를 바랐습니다.

친애하는 바우만 선생님, 왜 메시아적 욕망들이 제게는 인간의 얼굴을 하고 있는지를 아실 수 있을 것입니다. 만약 그러한 얼굴이 더 많아진다면 지금 우리의 과거의 경험에 대해 다른 대화를 하고 있을 것입니다. 아마 화상과 오류도 더 적었을 것입니다. 심지어 전혀 없을 수도 있었다고 믿고 싶습니다. 우리는 오직 우리 자신의 불충분함만 기억하고 있을 수도 있을 텐데, 그것이 다른 측면에 대한 보다 견고한 지식을 가질 수 있도록 준비해줄 것입니다. 따라서 저는 인간은 그럴 능력이 있다고 상상해보곤 합니다. 아무런 유보 조건 없이 당신이 옳음을 인정합니다. 우리는 그것에 대해 그렇게 많이 알지는 못합니다. 그것에 대해 아주 빈번히 이야기하지는 않습니다. 주의를 끄는 것은 인간이 할 수 있는 것이 아니라 오히려 결함들, 오류들, 과오들입니다. 잊기가 너무 힘든 화상들 말이죠.

바우만 인간은 실제로 그렇게 할 수 있습니다. 일정한 한계 내에서 말이죠. 우리는 신이 아닙니다. 그러한 한계들 내에서 인간은 할 수 있을 뿐만 아니라 할 수 있도록 되어야 합니다. 그러한 의무를 제대로 수행하려면 책임을 져야 합니다. 하느님 앞에 엎드리든 아니면 하느님의 존재를 부정하든 상관없이 말이죠. 당신이 정당하게 환기시킨 "삶의 경험, 구체적인 사건과 만남"—이것들은 일단 발생하면 일부 길은 열어주며 다른 길은 가로막지요—의 경우 그것이 이루어지는 영역은 상이합니다. 당신의 경우에는 '메시아적' 영역에서, 저의 경우에는 '프로메테우스적' 영역이지요. 메시아는 하느님의 사자이므로 우리가 무슨 일을 하던 그리스도의 재림은 우리에게 의존하지 않습니다. 어떤 이상한 의미에서 우리는 메시아를 기다리는 것을 우리가 소극적이고 태만하고 머뭇거리는 것을 변명하기 위한 방식으로, 더 나쁘게는 세상의 불의에 대한 동의나 그리스도의 재림 때까지 불

의를 바로잡기를 미루는 것으로 생각할 수도 있습니다. 프로메
테우스는 신들의 비밀을 훔쳐 인간에게 알려주었습니다. 인간
에게 아무런 변명의 여지도 남겨주지 않았습니다. 또한 인간에
게 신의 예복을 입고 신과 같은 힘과 특권을 요구할 수 있는 구
실을 마련해주었습니다. 그에 따른 어떤 '부작용'이 다른 부작
용보다 더 끔찍하거나 덜 위험한 것은 아닙니다. 가시 없는 장
미는 없으니까요. 당신은 행동과 부합하지 않은 말에 언짢아했
습니다. 저는 행동과 상충되는 말이 언짢습니다. 당신은 마르티
니 추기경을 따랐습니다. 그에게는 당신에게와 마찬가지로 말
이 중요합니다. 그는 말을 육화하기 위해 모든 것을 다했습니다.
제 삶에서(다른 사정이 변함이 없다면, 정도 차는 있을 수 있지만ceteris
paribus, toutes proportions gardées) 비브로프스키Zdzisław Bibrowski(1913~
2000, 폴란드의 공산주의자로 엔지니어로서 군에서는 대령을 역임했다.
해방 후 폴란드 군대표로 여러 국제 회의에 참가했으며 한국전쟁 때는 폴
란드군 대표로 활동했다) 대령이 그와 비슷한 역할을 했습니다. 저
는 건강한 사회적 유대와 암과 같은 성장을 구분하는 방법을
배웠습니다. 저는 쿠비치Roman Kubicki, 제이들러-야니세브스카
Anna Zeidler-Janiszewska와 가진 대담에서 그에게 진 빚을 털어놓은
바 있습니다.[1]

잠시 쿠체 이야기로 돌아가 이번에는 시장은 초인간적 또는
신적인 것에서 유래한다는 생각이 인간의 영혼과 공존에 미치

는 유해한 영향을 그가 어떻게 한탄하는지를 상기시키고 싶습니다.[2] 쿠체 말에 따르면 하느님은 시장을 창조하지 않았으며 시대정신Zeitgeist도 그렇게 하지 않았습니다. 만약 인간, 즉 인간 피조물들이 시장을 '만들었다make'면 그것을 '부수어버리unmake' 거나 그것에 부드럽고 우호적인 형태를 부여할 수도 있을 것입니다. 세계가 죽고 죽이는 검투사들을 위한 원형극장일 필요는 없습니다. 달리는 사람이 오직 누군가 다른 사람이 따라잡을 수 있도록 하기보다는 오직 어떻게 해서는 선두에 서는 것에만 신경을 쓰는 경주로일 필요는 없습니다. 이웃들이 서로 경쟁하며, 이 과정에서 도시를 몰락시키거나 또는 국민 경제가 서로 어울려 조깅하는 대신 경주를 할 필요도 없습니다. 이것 중 어떤 것도 이미 운명 지어진 분명히 최종적인 선택은 아닙니다.

우리는 여전히 말이 육화**되리라**는 희망을 고수할 수 있습니다. 또한 소매를 걷어붙이고 세계를 육체로 **변형시킬** 수 있으리라는 것에 희망을 걸 수도 있습니다. 당신은 호라티우스의 말을 인용했습니다. 저는 그의 '나의 모든 것이 죽지는 않을 것non omnis moriar'이 사적 삶은 사적 결과 이상의 것을 갖고 있음을 상기시키고 있다고 생각합니다. 그것을 경고로, 삶이 그렇지 않은 것처럼 사는 것은 **가치가 없을** 뿐만 아니라 **불가능하며**, 그러한 삶의 방식을 찾을 수 없다고 말하는 것은 허용되지 않는다는 경고로 받아들입니다. 암시에 귀를 기울이던 아니면 그것을 소귀에 경 읽기 하듯 넘어가던—또는 들었지만 무시하던—'모든 것이 죽지는 않을 것'이기 때문에 저의(당신의, 우리의) 책무와 행위들은 저의(당신의, 우리의) 무관심과 게으름과 마찬가지로 세계의 몸 위에 문신처럼 새겨질 것입니다. 예를 들어 최근 우리가 흥청망청 소비를 즐기고 신용카드와 대출에 기댄 삶을 살면서 우리 후손들이 태어나기 훨씬 전부터 우리가 진 빚에 묶여 있도록 만드는 일을 계속해 왔으며 지금도 즐거운 듯이 그렇게 하듯이 말이죠.

이것이 제가 말하고자 하는 바이며, 사람들이 들어주었으면 하는 바로 그것이기도 합니다. 사람들이 들어줄지도 모른다는 희망을 바로 그것에 거는 것이죠. 인간적으로 가능한 것이 실천될 수 있느냐는—또는 그와 정반대로 무시되고 간과되느냐는—**사람들에게 그리고 오직 그들에게만** 의존하기 때문입니다. 우리는 인간의 한계를 극복할 수 없을 것이며, 하느님은 그렇게 하는 것을 금지하고 있습니다. 신만 가질 수 있는 전지전능함을 갖고 장난을 치는 것은 피하기로 합시다. 우리는 신이 아니며, 단지 인간적인 힘만으로는 모든 것을 이룰 수 없는 것은 이 때문입니다.—반대로 우리 힘 안에 있는 것만으로도 우리 삶을 **소중하고 살 만한 것**으로 만드는 데 충분합니다(세상의 부정을 바로잡는데 헌신하고—세상을 지금까지보다 그리고 앞으로 보다 쾌적한 곳으로 만드는 데만 해도 엄청난 노력이 들기 때문입니다).

그러한 희망들에 기분이 들떠 저는 병에 메시지를 넣어 그 것을 파도에 맡겼습니다. 희망이 헛된 것으로 드러날 것을 압니다. 너무나 잘 알지요. 굳이 납득시키지 않으셔도 됩니다. 제 자신의 경험으로 그것을 아니까요. 물론 그것뿐만 아니지만요. 깊이 존경하고 사랑하는 또 다른 작가인 사라마구는 2008년 12월 16일자 일기에서 "평생 해온 말 중 그래도 들어줄만한 몇 마디가 결국 하나도 중요하지 않다는 것이 드러났다"며 한탄하고 있습니다. 그는 이렇게 자문하지요. "우리는 땀을 흘리는 것과 동일한 이유에서 말을 하는 것일까? 그냥 말하기 때문에?" 그런 다음 그는 할아버지인 제로니모를 떠올리는데, "마지막 시간에 당신이 심은 나무들에 작별을 고하러 가서는 그것들을 끌어 안고는 다시는 보지 못하리라는 것을 알고는 우셨습니다." 이렇게 덧붙입니다. "이것은 배워야 할 만한 교훈이다. 그리하여 나는 내가 쓴 말을 껴안았다. 나는 그것들이 오래 살아남기를 바라며, 글쓰기를 멈춘 곳에서부터 글을 써나가는 것을 계속해나갔다."[3]

아멘.

오비렉 메시아적 유혹과 프로메테우스적 유혹에 대해 우리는 동의하고 있습니다. 그것에 굴복하면 둘 다 인간의 공존에 부정적 결과를 가져오게 됩니다. 말을 현실로부터 떼어내는 것은 모든 관념론적 또는 이데올로기적 기획이 가져오는 재앙입니다. 하지만 핵심적인─그리고 모든 폴란드적 맥락에서 심지어 치명적인 것이라고 할 수 있을─차이가 존재합니다. 마르티니라는 인물, 가톨릭교회라는 제도를 인간적인 것으로 만들고픈 그의 바람을 끌어들임으로써 실제로 가톨릭교회를 지상으로 다시 가져오려고 했던 것입니다. 마르티니는 교회의 고위 성직자 중 본연의 모습을 한시도 잃지 않은 아주 드문 대표자 중의 하나처럼 보였습니다. 그는 어떤 한 가지 역할을 한 것이 아니라 부단히 신앙과 삶의 선택을 합리적으로 정당화하려고 노력했습니다. 간단히 말해 그는 정신을 완전히 포기하지 않았으며, 교회라는 제도 내에서도 생각하는 사람이 되는 것이 가능함을 지속적으로 증명해보였습니다. 게다가 미디어는 그가 현실을 이런 방식으로 파악하고 있다는 것을 간파하고는 다른 사람들의 방식으로 그것에 도전했던 것처럼 보입니다. 마르티니는 그러한 충돌로부터 상처 하나 입지 않고 살아나왔습니다. 그는 인간의 얼굴을 한 가톨릭교회는 단지 이론적 과제가 아님을 보여주었습니다. 그의 목소리는 반교회적인 이탈리아에서 중요한 역할을 했습니다. 바우만 선생님, 쿠비치 그리고 제이들러-야니세브스카와 가진 대담에서 비브로프스키 대령 그리고 폴란드인민공화국PRL에서 1940년대 말에 그가 당신의 삶에서 한 역할을 언급함으로써 당신은 많은 폴란드인들이 악마 보듯하는 시기, 즉 소위 '스탈린주의 시대'를 인간적인 것으로 만들고 있습니다. 당신의 묘사들로부터 체제에 봉사하고 자신의 인간성뿐만 아니라 다른 사람들의 인간성을 보존하기 위해 노력한 어떤 사람이 모습을 드러냅니다. 우리 이야기를 계속 엮어나가려면 이처럼 구체적인 얼굴들이, 그리고 너무 부주의하게만 묘사되어 왔으며 흑백 논리 속으로 사라져버리고 있는 사연들을 이해하려면 그들의 존재가 필요합니다. 역사를 창조하는 것은 이념이 아니라 사람임은 마르티니와 비브로브스키 같은 사람들은 상기시켜 줍니다. 과거를 회복하거나 오히려 과거를 정전화하거나 악마화하려는 선동꾼들로부터 역사를 빼앗아오기 위해서는 그러한 사람들이 필요합니다. 희망의 흔적들을 찾을 때 제가 염두에 두고 있는 것은 이와 같은 종류의 인간의 운명의 복잡한 이야기들입니다.

과거에 대한 이러한 종류의 작업work(그것은 작업이기 때문에 바로 눈앞에서 식어가고 있는 다루기 까다로운 소재와 씨름해야 하지요)이 만약 우리가 우리 삶이 반복이라는 악순환에 빠지는 것을 원치 않는다면 우리 삶에 절대적으로―심지어 공기만큼―필요한지에 대해 당신이 동의하실지 확신이 서지는 않습니다. 보다 구체적으로 이데올로기라는 저주에 갇혀버리는 것을 원치 않으면 말입니다. 그곳으로부터는 자신 말고는 아무도 우리를 빼내줄 수 없습니다. 이 의미에서 당신의 사회학적 감수성은 그러한 이데올로기적 덫들에 대한 치유력을 갖고 있습니다. 당신에게 문제의 원천이 되었던 것은 사실에의 충실이란 미명하에, 궁극적으로는 주권자의 명령에 고분고분한 충성스런 관료 집단 말고는 배제한다는 미명하에 강요된 체계를 벗어나는 것이었습니다. 오늘날 종교사회학자들도 연구 결과가 종교 기관의 지도자들 맘에 들지 않을 때는 그와 비슷한(비록 그만큼 고통스럽지는 않지만 말입니다) 문제에 직면하고 있습니다.

당신은 성공했습니다. 당신에 고유한 세계관을 갖고 돌파구를 열었으며, 오늘날 당신은 앞서 말한 문제적인 이데올로기의 옹호자들 사이에 서 있습니다. 그것의 공식적 지지자들은 이미 오래 전에 역사의 쓰레기통 속으로 사라졌지만 말입니다. 오늘날 좌파는 한때 수정주의자였던 사람들에게서 가장 믿을 만한 동맹자를 발견하고 있습니다. 가장 정통파였던 당원들은 조직을 떠나 다른 주인들을 섬기고 있습니다. 저는 여기서 우리의 희망과 낙관주의의 원천을, 앞서 언급한 일이 재발해 우리를 할퀴고 마는 것에서 벗어날 수 있는 진정한 기회를 보고 있습니다. 흥미로운 것은 맹목적으로 길을 더듬고 있는 사람들에게 도움의 손길을 뻗치는 것은 다름 아니라 사회학자들, 특히 제가 이미 여러 차례 언급한 벡이라는 사람입니다. 보다 포괄적인 그의 주장을 언급해보도록 하겠습니다. 그것이 한층 더 적절한 것은 어떤 의미에서는 그것이 당신이 언급한 쿠체의 두려움,

사라마구의 희망과 연관되어 있기 때문입니다. 《자기만의 신》에서 벡은 "세속 사회는 탈-세속적으로 되어야 한다, 즉 종교의 선택들에 대해 회의적이고 열린 정신을 가져야 한다"[4]고 주장합니다. 이렇게 덧붙입니다. "종교적 언어가 공론장에 들어가는 것을 허용하는 것은 침범이 아니라 풍부화로 간주되어야 한다. 그러한 변화는 종교들에 의한 세속적 니힐리즘의 전반적 관용만큼이나 야심만만한 것이다." 《세계위험사회》를 쓴 이 저자의 주장에 동의할 뿐만 아니라 그에게서 점증하는 종교적 근본주의에서 벗어날 수 있는 방법을 발견하고 있습니다. 그러한 종류의 열린 자세는 신자들로 하여금 세속화에 대한 두려움을 멈추도록 하는 데 도움이 될 수 있을 것이며, 다양한 휴머니스트와 합리주의자들은 종교가 공론장으로 가는 것에서 탈-세속주의의 동맹자를 식별해낼 수 있을 것입니다. 한편으로 벡은 세속 세계에서의 종교의 의미에 대해 씁니다. 그를 탈-세속주의의 대변인 중의 하나로 간주할 수 있습니다. 다른 한편 그는 분명히 그러한 존재의 형태를 바꿀 필요에 대해서도 말하는데, 그것은 다시 그를 세속주의와 연결시킵니다. 《자기만의 신》의 중심 명제는 대략 이렇습니다. 종교에 들어 있는 폭력의 잠재력은 종교적 혼합주의와 주제적 다신론이라는 원리를 이용해 무효화할 수 있다는 것입니다. 하지만 고대의 신들로 돌아가자는 것이라기보다는 우리가 대화를 막 시작할 때 당신이 언급한 마르카르드Odo Marquard가 요구하는 '다신화론'의 원리를 받아들이자는 것이 그의 생각입니다. 그의 〈다신론을 찬양함〉을 읽어볼 수 있던 것은 당신 덕분인데, 거기서 저는 이런 문장과 마주쳤습니다. "삶과 이야기에서 다-신화론적으로 많은 이야기에 참여하는 사람은 어떤 이야기에 의해 다른 이야기로부터 자유로우며 그 역도 마찬가지이다."[5] 새로운 관점으로부터 타자들의 신앙은 더 이상 위협이 아니라 그와 정반대로 자신의 신앙을 풍부하게 할 수 있는 기회로 간주됩니다. 타자들을 자신이 종교를 체험하는 방법 속에 포함시킴으로써 그들로부터 무엇인가를 배울 뿐만 아니라 자신에 대해서도 더 많은 것을 배웁니다. 벡이 제안하는 종교, 특히 기독교에 대한 이러한 종류의 이해는 종교적 현실을 이해하는 전통적 방식들과 정반대임을 굳이 강조할 필요는 없을 것입니다. 하느님과 자신의 선택에 의해 형성된 신앙, 한편으로는 기독교의 객관적이고 정통적인 교리 — 이것은 배우고 받아들이도록 만들어진 것입니다 — 사이의 대조보다 더 큰 대조도 상상하기 힘들 것입니다.

'자기만의 신'이라는 개념의 기원을 종교개혁에서, 특히 루터 사상에서 찾는 벡의 입장은 옳은 것처럼 보입니다. 후기-근대인 오늘날 전 세계에 퍼져 있는 종교를 포함해 어떤 종교도 자신의 신정론에만 자신을 한정할 수는 없으며 다른 관점들을 고려해야 하며, 이러한 의미에서 코스모폴리탄적 종교들이 되어야 합니다. 이런 식으로 이해된 종교가 널리 받아들여지지 않는다면 존재하는 모든 형태의 종교성은 근본주의에 의해 위협받게 될 것입니다. 전문적으로 신학을 공부한 저와 같은 사람이 사회학자와 회의주의 철학자의 고찰 속에서 위안을 발견하다니 역설적이지 않습니까? 포기하는 대신 끝까지 꾹 참아내며 함께 무엇인가를 모색해보는 것이 소중한 것은 아마 이 때문일 것입니다. 점점 더 가까워지는 것을 피할 수 없게 되는 것처럼 보입니다.

바우만 "체제에 봉사하고 자신의 인간성뿐만 아니라 다른 사람들의 인간성을 보존하기 위해 노력한 사람." 당신은 비브로프스키에 대해, 또한 마르티니에 대해서도 이렇게 말씀하십니다. 다시한 번 당신은 이 문제의 정곡을 찔렀습니다. 두 사람이 모두 "체제에 봉사하는 것"은 제 생각으로는 당신과 저 같은 '다른 사람들'의 인간성을 보존하기 위한 필수조건이었습니다. 체제와 자신의 선택에 충실하지만 동시에 이 체제에는 자신으로는 받아들일 수 없는 어떤 것이 존재한다는 것을 의식해야 했던 것입니다. 그러한 느낌들에 대한 '다른 사람들'의 최초의 본능적인 반응은 '체제' 저편으로부터의 속삭임에 점점 더 예민해지는 것이었는데, 그것의 내용이 그들의 의구심에 공명을 일으켰기 때문입니다. 어느 쪽인가 하면, 이 '외부로부터의 목소리'는 그것을 말한 사람들이 의도한 대로 개인적 의구심에 불을 붙이거나 확인해주는 대신 억눌렀습니다. 마음 깊은 곳에서 이런 질문이 울려 퍼집니다. 이 입술들을 통해 이야기하는 사람은 누구지? 아마 사탄 아닐까? 적그리스도? 제국주의의 대변인? 공장과 땅을 빼앗긴 자들의 끄나풀? 하지만 적그리스도나 착취자들의 마름들이 맞을 리는 없습니다! 제가 그들의 유해한 선전을 경청하고, 그들의 말을 반복하고, 그들의 의견에 동의하는 등의 일은 전혀 생각조차 할 수 없습니다. 어떤 사람에게서 의구심을 누르는 대신 부추기는 것은 실제로 악마의 접근을 초래해 자진해서든 아니든 그를 사탄의 하수인으로 만든다는 것을 의미합니다. 의문을 지속하는 것은 배신입니다.

문제는 당신의 세계 속의 마르티니도 또 제 세계 속의 비브로프스키도 안티그리스도의 추종자 중의 하나로 범주화될 수 없다는 것입니다. 말없는 복속을 충성을 다하는 것으로 오인하는 '정통파'는 그렇다고 주장하려고 기를 썼지만 말입니다. 마르티니는 무신론자가 아니었습니다. 비브로프스키는 반공주의자가 아니었습니다. 두 사람 모두 배교자나 신자들 사이에 침투한 '외국 간첩'도 아니었습니다. 비브로프스키는 〈미국의 소리VOA〉를 열렬히 떠들거나 마르티니는 '이단의 소리'를 설교하지 않았습니다. 그들은 저나 당신과 하등 다를 바 없는 신앙인이었으며, 그들의 신앙이 우리보다 더 강했을 것입니다. 그들의 신앙이 우리 신앙보다 더 커다란 시험에 처했을 것이기 때문입니다. 그들이 자신의 존재가 오용되고, 더럽혀지고, 타락하고, 왜곡되는 것에 저항한 것은 **그러한 신앙이라는 이름 하에서**였습니다. '나는 플라톤을 사랑하지만 진리를 더 사랑한다Amicus Plato, sed magis amica veritas'는 계명을 따랐습니다. 여러 가지 태도와 위반—삶 자체가 그것이지요—에서 반대 의견을 대의에 대한 무관심, 자기도취, 게으름이나 배신에서 유래하거나 그것의 표시가 아니라는 모든 사실을 체제가 가장 부지런히 그리고 맹렬하게 감추거나 거짓말하려는 것을 온몸으로 보여주었습니다.

졸저 《삶의 예술》에서 책 제목에 들어 있던 문제를 씨름할 때 도달한 결론을 제시한 바 있습니다. 어떤 사람의 삶의 궤적을 정하는 데는 두 가지 요소가 (항상 조화롭게는 아닙니다만) 작동하고 있다는 것이 그것입니다. 하나는 운명(우리에게 일어났고/일어나고 있으며/일어날 것으로 우리가 만들지는 않은 또는 우리의 영향이나 선택과는 무관한 모든 것을 가리키는 총칭입니다)이며 다른 하나는 성격(우리 자신 중 우리가 작용할 수 있거나 작용해야 하는 측면—비록 우리 노력에 전적으로 따르는 것은 아니지만 말입니다—을 가리키는 총칭입니다)입니다. **운명**은 현실주의적 선택의 범위를 결정합니다. 하지만 **성격**은 그러한 선택들 중에서 선택합니다. 당신의 고찰을 읽고 난 후 저는 마르티나 비브로프스키 같은 종류의 사람들의 업적은 두 사람의 성격에 용감함이나 과감함을 덧보탰을 뿐만 아니라 운명은 무시하거나 그늘 속에 남겨둔 선택들—비록 그것들은 오명으로 낙인이 찍혀 있지만 말입니다—을 받아들였다고 생각하게 되었습니다. 그러한 종류의 사람들은 성격과 운명 모두에 도전합니다.

'어둠 속의('눈앞이 보이지 않는, 신호등이 없는'이라고 읽어야 할 것입니다) 시대의 사람들'에 바친 아렌트의 에세이 모음집에는 독일 계몽주의의 선구자 중의 하나인 레싱(1729~1781, 독일 계몽주의 사상의 대표자 중의 하나이자 극작가, 예술비평가이다. 이성에 기초를 둔 인류의 진보를 확신하고, 신앙의 자유, 인격의 독립을 설명했다. 이런 점에서 독일 계몽주의 사상가 중 유례를 볼 수 없는 확고부동한 진보주의자였다)에 관한 글도 들어 있습니다. 아렌트는 레싱을 '보편화'의 예견/프로젝트에 회의적인 태도를 표명한—대신 인간적일 수 있는 방식은 본성상 다종다양하며 앞으로도 영원히 그러할 것이라고 주장한—당대의 보기 드문 철학자 중의 하나일 뿐만 아니라 정말로 그러한 측면을 갖고 있는 한층 더 희귀한 계몽주의 철학자 중의 하나로 찬양합니다. 2세기 후에 마르카르드가 '다신론'으로 명명한 조건을 찬양한 것과 동일한 이유로 말이죠. 다신론의 속성에 대해서는 당신이 정확하게 지적한 바 있습니다.

당신은 "세속 사회는 탈-세속적으로 되어야 한다. 즉 종교의 선택들에 대해 회의적이고 열린 정신을 가져야 한다"는 벡의 주장을 인용했는데, 저도 그의 주장을 완전히 공유하고 있습니다.

그는 이렇게 말합니다. "종교적 언어가 공론장에 들어가는 것을 허용하는 것은 침범이 아니라 풍부화로 간주되어야 한다. 그러한 변화는 종교들에 의한 세속적 니힐리즘의 전반적 관용만큼이나 야심만만한 것이다." 하지만 친애하는 오비렉 선생님, 완전히 해체되고, 다중심적이며 다성적인 우리 세계에서 누가 승인을 허락할 수 있느냐, 또는 반대로 허가를 거부할 수 있는 자격과 권한을 갖고 있느냐 하는 문제가 전혀 분명하지 않다는 문제가 있습니다. 또 다른 골칫거리가 있습니다. 어떤 세력과 어떤 관점의 소유자가 (허락 하에 또는 허락 없이) 그러한 '비공식적, 열린 협력'(이 협력의 모델은 벡과 세네트의 시각들에서 개요가 제시되어 왔습니다)을 위해 열심히 나서려고 할까요? 당신이 (자신의 이익을 위해, 그리고 세계에게 이익이 되도록!) 세계에 대해 문을 열 것으로 상정하는 진영들은—마찬가지로 마땅히 해야 할 많은 역할 중의 하나를 하기를 거부하면서—헝클어지고, 무질서하고, 수다스럽고, 온갖 목소리가 흘러나오는 세계로부터 달아날—악마는 성수로부터 도망친다는 말이 있지요—가능성이 큽니다. 두 사람 이상이 하는 대화에서 동의에 이르려면 여전히 주장과 논쟁이 필요한 것을 자명한 것으로 전제할 수 있는 선행적 특권을 그들이 포기할 것 같지는 않습니다. 귀마개를 한 사람에게는 어떤 주장도 소용없습니다. 결국 어떤 말도 듣지 않기 위해 그렇게 귀마개를 한 것이니까요. 귀를 막은 사람들이 한분의 하느님을 자신들만의 배타적인 소유물로 찬탈하며 **개인적**(자신의 책임 하에 개별적으로 구성되고 승인된) 하느님들이 존재할 여지는 전혀 남겨두지 않는 것은 이 때문입니다. 귀마개를 쓰고 있는 한 종교가 '공론장에 들어가도록 하는 것'은 눈과 귀를 활짝 연 사람들이 소리 높여 외치는 관대하고 엄숙한 선언들은 별 것이 아닌 것이 될 것이며, 세계의 상태를 크게 바꾸지 못할 것입니다.

문제의 핵심은 과거에 아포리즘 예술의 대가로 알려졌던 리히텐베르크Geofg Christoph Lichtenberg의 여전히 이루어지지 않은 기도를 완수하는 것입니다. 그는 대략 1773~1775년 사이에 이렇게 쓴 것으로 알려져 있습니다. "내가 말하는 것이 사람들의 취약한 확신의 체계에 대해 내가 의도하지 않은 것을 하지 않고 사람들의 마음에 말할 수 있는 방법을 가르쳐주라. …… 그대의 명성은 만세에 울려 퍼질 것이다."[6] 저처럼 리히텐베르크도 기도를 다른 사람이 들으리라고는 예상하지 않았던 듯합니다. 한참을 생각하더니 이렇게 덧붙이기 때문입니다. 진리에 대한 사랑을 유일한 안내자로 삼은 사람은 만약 **"그것을 오류로 간주한다**고, 심지어 **'그것은 오류야'**라고 외치지 않고도 내가 오류로 간주하는 모든 것을 만나게 된다면" 그것은 '철학적 신중함', 우리 중 소수에게만 주어진 미덕 덕분이라고 말입니다.

"개인의 편견이 판단보다 훨씬 더 존재의 역사적 현실을 구성한다."[7] 몇 년 전에 가다머는 기념비적인 《진리와 방법》에 본격적으로 착수할 때 (비관론적으로 아니면 단순히 냉철하게?) 이런 견해를 표명한 바 있습니다. 그의 대표작인 이 저서에서 그는 "나 자신을 부가시키지 않고는" "타자를 진정으로 부각시키는 일"[임홍배 역, 192쪽][8]은 일어날 수 없다고 주장합니다. 그의 견해 (저는 진심으로 그것을 지지합니다)에 따르면 지에, 상호이해에 이르는 길은 오직 하나밖에 존재하지 않습니다(논증 자체를 위해 현장을 치우는 것이 그것입니다. 그러한 청소 작업이 요구하는 자기-질문하기를 위해서 말입니다). 즉 지평들의 융합Horizontverschmelzung이 그것입니다. 이 지평들의 융합은 (제 생각으로는 가다머의 철학적 의도들에 따라 이루어지고 있는) 저의 사회학적 해석에서는 전제조건들이 무너지는 것이 아니라 (부르디외의 용어를 빌리자면) 다양한 인간의 아비투스〔특정한 계급이나 계층에 고유한 '관행'을 생산하고 재생산하며 지속적으로 생성시키는 원칙들이다〕들 간의 장벽을, 또는 다른 말로 하자면 인간의 경험의 물질적 영역과 관념적 영역 사이의 장벽을 부수는 것으로부터 시작됩니다.

역으로 장벽을 부수는 것은 인간 경험의 영역들을 맞물리도록 하고 인간 경험의 내용을 겹치게 해 이전에는 별개의 것으로 간주되어 제대로 단단하게 접촉하는 것이 거부되어온, 서로 직면하는 것이 단도직입적으로 맹렬히 거부되어온 것을 하나로 묶을 때 나오는 결과입니다. 그렇게 장벽을 부수는 일은 어떤 것이 거짓임을 폭로하고, 선입견과 편견의 정체를 드러내고 거부하려는 노력 없이는 일어나지 않습니다. 궁극적으로 지평들의 융합은 철학자들이 할 일이 아니라 인간이 세계-내-에 존재하는 양식이지만 말입니다. 그것은 '비형식적이고 열린 협력'의 **선조건**(그렇다면 우리는 헛되이 오랫동안 기다려야 할 것입니다. 우리가 그러한 조건이 충족되기를 기다려야 한다면 말입니다)이 아니라 **산물**이고 또 그래야만 합니다. 진리의 소유권을 둘러싼 투쟁에서 승리할 때까지 '지평들의 융합'을 미루는 것은 본말의 전도입니다. 그렇게까지 멀리 나가고 싶지는 않습니다. 비록 채찍을 휘두르는 것이 아무리 헛되더라도 기다리는 시간을 보다 즐겁게 만들 수 있다는 점은 저도 인정하지만 말입니다.

오비렉 희망을 원천을 찾다가 우리는 불가피한 결론에 이르고 말았습니다. 우리는 서로에게 필요하다는 것이 그것입니다. 우리는 존재하는 것은, 우리의 개인적인, 궁극적으로는 그리 비루하지만은 않은 **인간의 조건**을 인식하게 되는 것은 특히 서로의 덕분입니다. 당신과 가다머가 묘사하는 지평들의 합침이나 융합이란 우리의 존재방식을 단순하고 정직하게 다루는 것이 아니라면 과연 무엇일까요? 부르디외가 말하는 것과 동일한 아비투스들이 우리들 각자 속에 잠든 채 우리를 지배하는 생각과 일상들로부터 우리를 해방시켜주기를 기다리며 숨어 있습니다. 한 문장을 인용해보고 싶은데, 하도 많은 저자를 인용하다보니 저자 이름을 잊었습니다. "하느님, 제가 어찌할 수 없는 것은 그대로 받아들일 수 있는 평온한 마음을, 어찌할 수 있는 것은 그렇게 할 수있는 용기를, 차이를 알 수 있는 지혜를 허해주소서." 이것이 종교적 영혼을 가진 사람의 탄식이건 중국의 궁정의 충신의 탄식이건 바로 지금은 중요하지 않습니다. 핵심적인 것은 가능한 변화들의 한계와 함께 반드시 현재의 질서를 존중해야 하는지를 파악할 필요가 있는 것입니다. 이것은 당신이 《삶의 예술》에서 도입한 운명과 성격이라는 이분법의 또 다른 변종이라고 할 수 있습니다. 바우만 선생님, 당신은 비브로프스키나 마르티니 같은 사람들은 "운명은 무시하거나 그늘 속에 남겨둔 선택들을 받아들였다"고 말씀하셨습니다. 그러한 사람들이 한 역할에 대한 그러한 관점은 아주 흥미롭지만 궁극적으로는 모든 만남이 그렇지 않습니까? 우리는 운명으로부터 점점 더 많은 영토를 뺏어내며, 현명한 그리스인들처럼 더 이상 운명의 불가피성에 겁먹지 않습니다. 모든 사람이 좋아하는 것은 아니지만 그것을 기꺼이 감수합니다. 대다수는 프로그램을 짜고, 궤도를 정하고, 삶의 방향을 바꾸도록 하고, 더 낫고 더 이득이 되는 경로를 선택하는 쪽을 선호할 것입니다. 《성경》에는 우리는 단지 사후에만 하느님을 인식할 수 있으며 어떤 일이 벌어지는 동안이나 전에는 결코 그럴 수 없다고 쓰여 있습니다. 저는 이 고찰을 확대해 사람들 사이의 만남에 대해서도 적용해보고 싶습니다. 하지만 《성경》에 나오는 인간과 하느님 사이의 만남에 서처럼 사람들 사이의 우리의 만남 또는 일촉즉발은 우리가 변화를 의식하고 준비하는 데 핵심적인 의미를 가집니다.

중요한 것은 우리가 누구**인가**가 아니라 어떤 사람**이 되어야 할까** 이기 때입니다. 우리는 우리가 누군지 모릅니다. 하지만 우리와 가까운 사람들로부터 우리가 누군지 알아내며, 그들이 우리가 누군지를 인식할 수 있도록 해줍니다. 물론 저는 상이한 관점을 또는 간단히 말하자면 상이한 사람을 기꺼이 받아들이려는 태도에 대한 당신의 현명한 고찰을 기억합니다. 일상을 관찰해보면 저의 낙관주의보다 당신의 회의주의가 맞는 것을 확인할 수 있습니다. 우리는 열과 열이 좁혀지고 점점 더 적과의 잔혹한 것은 두말할 필요도 없고 폭력적인 전투에 직면합니다. 실제의 적이던 고안된 적이던 말입니다. 파괴당하는 것이 어느 쪽인지는 상관이 없습니다. 실제의 적이던 고안된 적이던 조만간 검이나 칼이 힘차게 찌르는 것을 경험하게 될 것입니다. 그것을 피할 방도가 없지요. 이것이 저의 낙관주의의 한계입니다. 저는 그러한 입장을 고수합니다. 그에 대한 믿음을 그만두지 않을 것입니다. 그러한 검을 휘두르는 사람은 조만간 기진맥진해질 테니 말입니다. 조만간 그는 그러한 한계에 이를 것입니다. 이전의 〔잔혹한 '인종 청소'가 벌어졌던〕 유고슬라비아와 르완다의 예는 이것을 확인해줍니다. 비록 그것이 희생자들의 비극을 줄여주는 것은 결코 아니지만 말입니다.

《진리와 방법》에서 짧은 단편을 하나 인용하는 것을 허락해 주시기 바랍니다. 그에 대한 당신의 언급이 제 자신이 가다머에게 얼마나 매료되었는가를 떠올리게 했기 때문입니다. 나폴리에서 신학을 연구할 때 그를 만날 기회가 있었습니다. 저를 가르친 예수회 강사들은 성스러운 예술에 숙달해 있던 우리가 이 독일 철학자가 토마스 아퀴나스보다 그것에 대해 더 할 말이 많다는 것을 인식할 수 있도록 기꺼이 그를 초빙했습니다.

현재의 지평은 과거가 없이는 결코 형성될 수 없다. 현재와 무관하게 추구해야 할 역사적 지평이 존재할 수 없듯이 현재의 고립된 지평 역시 독자적으로 존재할 수는 없다. 오히려 이해라는 것은 서로 무관하게 존재하는 것처럼 보이는 상이한 지평들의 상호융합 과정이다. 융합이 얼마나 역동적인가를 우리는 특히 고대의 사례들, 예컨대 고대인들의 소박한 자기의식과 전통을 대하는 태도에서 확인할 수 있다. 전통이 존속하는 한 그러한 상호융합은 부단히 진행된다. 상호융합을 통해 옛것과 새것은 서로 배타적으로 분리되지 않고 부단히 합쳐져서 새로운 타당성을 확보하는 것이다.[9]

이것이 가다머가 말하고자 하는 바의 핵심으로 이 주장 속에서 저는 우리의 만남의 이야기를 읽고 있습니다. 즉 우리의 만남이 이루어진 이유와 우리가 그러한 만남의 의미를 우리 자신에게 설명하려고 시도하는 이유가 무엇인지를 말입니다. 저는 이것이 지평들의 융합의 또 다른 사례라는 결론에 이르게 되었습니다. 그것은 우리를 이 지점까지 데려온 것에 대한 새로운 이해를 가져다줄 것입니다. 동시에 저는 융합은 차이나 다름을 제거하는 것이 아니라 그것을 부각시키고 또는—적어도 저의 관점으로부터—이렇게 말할 수 있다면 고상하게 만든다는 것을 알고 있습니다. 대화에 들어가 만남을 시도하기만 하면 이전의 위협적이거나 영웅주의적인 모습을 항상 탈각하게 된다고는 생각하지 않습니다. 제가 마지막 몇 년을 함께 보낸 옹Walter Ong〔1912~2003, 예수회 신부이자 영문학자로 맥루한을 지도교수로 수사학과 커뮤니케이션 등의 미디어 생태 이론을 공부했다. 대표작으로는 《구술문화》와 《문자문화》가 있다〕의 생각이 그러했던 것이 아닌가 합니다. 그는 종종 진정한 대화는 (종교적 관점을 포함해) 입장을 바꾸고, 나의 관점을 전환하는 것에 대한 동의 여부에 달렸다고 말하곤 했습니다. 저는 그의 말이 맞는다는 것을 인정하며 다른 사람들에게 열심히 이를 반복했습니다. 오늘날 거기서 한발 더 나아가 변화(따라서 그것은 동의나 승인에 대한 것일 뿐만 아니라 항상 일이 그런 식으로 진행되어야 한다는 선험적 결정에 관한 것이기도 합니다)가 없다면 만남도 또 대화도 존재할 수 없다고 말하고 싶습니다.

다시 말해 우리는 동일한 종류의 자기의식 속으로 들어간 것처럼 보입니다. '이전과' 동일한 상태를 고수하는 것은 만났던 타자에 대한, 궁극적으로는 자신에 대한 부정과 불성실 행위라는 것입니다. 정체성에 대한 긴 대담집을 펴내셨으니 이 점에 대해서는 저보다 더 잘 아실 것입니다. 또한 철학자인 돈스키스Leonidas Donskis(1962~, 전직 유럽의회 의원이자 철학자, 정치이론가로 현재 카우나스에 있는 마그누스 대학교의 정치학 교수로 있다)를 통해서도 이 점을 인식하게 되었는데, 정체성은 문제적인 어떤 것—정체성은 어려움을 초래한다는 것인데, 단지 리투아니아인들에게만 그런 것이 아닙니다—이라는 그의 입장(《골칫거리가 된 정체성과 현대 세계Troubled Identity and the Modern World》)은 당신에게 빚을 지고 있습니다.

당신 말씀에 한 마디만 덧붙이겠습니다. "두 사람 이상이 하는 대화에서 동의에 이르려면 여전히 주장과 논쟁이 필요한 것을 자명한 것으로 전제할 수 있는 선행적 특권을 그들이 포기할 것 같지는 않습니다. 귀마개를 한 사람에게는 어떤 주장도 소용없습니다. 결국 어떤 말도 듣지 않기 위해 그렇게 귀마개를 한 것이니까요" 그것은 사실입니다. 중요한 것은 열려는 욕망이 하나도 없는 귀나 마음을 강제로 열지 않는 것입니다. 오히려 남이 하는 말을 듣기 위해 귀를 쫑긋하는 사람을 찾는 것이 중요합니다. 마음이 뒤숭숭해 위안을 찾는 사람을 말이죠. 제가 염두에 두고 있는 것은 그러한 사람들입니다. 그러한 사람들을 찾아 만나고 이야기를 나누고 싶습니다. 그러한 사람은 거의 없다고, 우리들 중에서는 거의 찾을 수 없다고요? 혁신은 결코 많은 사람에게 도달하지 않습니다. 거부와 조롱, 괴롭힘의 불길 속에서 시험되어야 합니다. 거부는 전혀 놀라고 말고 할 것도 없습니다. 그것을 너무 자주 경험해 마침내 일은 항상 그런 식이라는 것을 인정하게 되었습니다. 조롱에 대해서는 별 관심이 없는데, 그것은 조롱의 대상보다는 조롱하는 사람들을 겨누고 있기 때문입니다. 괴롭힘에 대해서는 침묵하고 싶은데, 적어도 우리 '문명권'의 경우에는 그것은 끝났기 때문입니다. 종종 다원주의적 사상이 편견과 선입견의 깎아지른 듯한 절벽들을 무너뜨리거나 또는 적어도 부드럽게 하는 데 성공하는 것을 보곤 합니다.

제가 자신과 다른 사람들에게서 근본적인 변화가 일어나고 있음을 최초로 본 사람은 아닙니다. 한 가지 예만 언급하겠습니다만 그것은 우리 대화에 핵심적인 의미를 가집니다. 저의 관점과 종교적 경험은 구체적인 사람들—저 이전에는 누구도 이들을 그런 식으로 만나지는 않았습니다. 즉 관심과 이해하려는 바람을 갖고 말이죠—과의 만남과 대화가 준 영향 아래 깊고 근본적인 변화를 겪었습니다. 전에 저의 관점과 종교적 경험들은 대화를 위한, 오히려 다른 사람이 가톨릭 신앙과는 다른 신앙을 따르는 오류를 범하고 있음을 설득시키기 위한 기회들이었습니다. 그것은 주로 무신론자와 유대인들과의 만남과 관련됩니다. 무신론자들은 불신앙 그리고 자신의 극히 심오한 확신과 함께 살 수 있는 가능성을 존중할 것을 가르쳐주었으며, 유대인들은 유대교가 많은 종교 중의 하나가 아니라 기독교에 대한 중요하고도 핵심적인 보충—또는 그 역—임을 보여주었습니다. 이에 대해서는 다른 때 기회를 보아 이야기를 나누어보기로 하죠. 지금으로서는 단지 유대인 친구들 덕분에 기독교 또한 아브라함의 신에 대한 신앙의 핵심적 확장의 일부가 되었음을 이해할 수 있었다는 점만 말씀드리겠습니다.

시적으로 이를 묘사해보자면 트바르도프스키Jan Twardowski 신부는《나는 당신을 개종시키려고 혼 것이 아니다》라는 제목의 시집을 발간했습니다. 저는 이 신부님을 알았습니다. 심지어 친구였다고 할 수도 있을 것입니다. 적어도 그는 항상 저를 환영해 바르샤바의 방문 자매 교회 옆에 있는 녹색의 나무로 된 움푹 들어간 공간으로 데려가주셨습니다. 그는 개종시키길 바라지 않았을 뿐만 아니라 세계 그리고 사람들에 관심이 있었습니다. 그가 많은 사람을 매료시켜 하느님에게로 이끈 것은 아마 이 때문이었을 것입니다. 저 또한 사람들에 관심이 있으며, 그들을 하느님에게로 인도하지는 못했지만 사람들에 대한 저희 관심은 자신에 대한 사람들의 신앙을 일깨웠으며, 제게는 그것으로 충분하다는 느낌을 갖고 있습니다.

바우만 당신은 이렇게 물었습니다(물론 당신의 질문은 수사학적인 것이지요). "운명은 무시하거나 그늘 속에 남겨둔 선택들을 받아들였다. …… 궁극적으로 모든 만남이 이와 같지 않을까요?" 그렇지요, 그렇습니다. 적어도 그럴 수 있는 가능성을 갖고 있지요. 다시 말해, 만약 만남이라는 말에 값하는 만남이라면 당연히 그렇습니다. 부버(1878~1965, 독일의 유대인 사상가로 시오니즘 문화 운동에 종사하며 예루살렘의 히브리 대학에서 사회철학 교수를 지냈다. 헤브라이어 성서를 독일어로 번역하기도 하였다. 대표작으로는《나와 너》등이 있다)는 만남Begegnungen과 마주침Vergegnugen을 구분하면서 전자를 권하며 후자에 대해 경고합니다. 만남은 규정상 '융합'(당신은 현명하게도 이러한 우발적 사건이 일어난 가능성을 폐기하고 있습니다!)이 아니라 각자의 관점에 대한 이해 또는 양측의 삶을 풍부하게 해줄 형태의 동거로 이어집니다. 지금까지 주목되지 않았던, 그리하여 존재하지 않았던 것(비트겐슈타인의 말을 빌리자면 이해한다는 것은 어떻게 해나가는지를 아는 것입니다)을 선택할 가능성들의 범위를 넓혀주는 것이죠. 아렌트와 그의 두 번째 남편 블뤼허 사이에 약 33년 동안 지속된 만남 같은 것은 것이 그것인데, 시타티Pietro Citati(1930~, 이탈리아의 유명한 소설가이자 문학평론가이다)[10]가 그것을 아름답게 그려낸 바 있습니다. "그녀와 블뤼허는 서로 다르고 분리되었지만 서로 돕고 의지하고 모든 시련을 함께 겪은 한쌍이었다. 그들의 두 얼굴은 한 형태 속에 반영되었으며 그들은 거리를 서로 발맞추어 걸어갔다. 함께 있을 때 두 사람은 축소판 세계를 창조했는데, 그들은 모든 불행으로부터 보호받고 있었다."[11] 시타티가 암시하는 대로 두 사람의 만남은 "동료애, 느낌, 공동체, 말"을 "고독, 정적, 낯섦"(결국 그들이 만나 이후 함께 경험한 세계는 그러했지요)에 의해 지배되는 세계 속으로 집어넣었습니다. 많은(아마 대부분의?) 경우에 마주침 또는 유사-만남, 미숙한 만남은 만남을 불발에 그치게 만듭니다(저는 그것을 영혼이 아니라 몸들의 만남으로 묘사하고 싶습니다. 페이스북과 트위터의 세계 속에서 '만남'은 몸을 가까이 하지 않고도 이루어진다는 점을 제외한다면 말입니다). 한 쪽 또는 양쪽이 이해를 원치 않으며 서로의 속마음을 모른다는 것을 인정하는 만남이 그것입니다. '지평들의 융합'이 아니라 회복할 길 없이 의견이 갈리는 만남, 침묵을 말로, 고독을 함께함으로 대신하는 것이 아니라 그와 정반대인 만남.—말이 얼마나 취약하고 공동체가 불가능한지를 증명해주는 또 다른 사례입니다. 오늘날의 삶과 동거 방식은 마주침을 선호하며 만남은 평가절하합니다. 우리는 진정으로 후자를 원하지만 현재 상식으로 통하는 것은 그것을 피하라고 경고하며, 우리들 중 심약한 사람들은 실제로 그것들을 피하도록 강요되고 있습니다.—두 경우 모두 미숙한 만남이 선호되지요. 여기서 최근《일반 주간Tygodnik Powszechny》지에 기고한 내용을 반복해 보겠습니다.

완전히 개인화된 우리의 소비주의 사회는 고독이 아니라 상호 의심과 경쟁을 생산한다. 이 과정에서 도처에서 그에 따른 부작용으로 인간의 연대를 평가절하하는 부작용이 나타난다. 개인의 꿈의 성취와 개인의 목표의 성공을 추진하는 과정에서 연대가 유용하다는 것이 거부되거나 부정되는 것이다. 이처럼 연대를 평가절하하는 것은 공동의 선 그리고 개인의 삶이 이루어지는 사회의 질에 대한 관심의 위축에 뿌리를 두고 있다. 현대의 문화적 변화에 대한 가장 예리한 분석가 중의 하나인 벡은 이를 이렇게 설명한다. **사회적으로 만들어지는** 문제에 대해 개인적인 방식으로 그리고 개인이 가진 자원에 의해 규정되는 한도 내에서 **개인적으로** 해결책을 찾고 발견할 책임이 떨어진다 (이 과제의 유효성과 터무니없음은 핵 공격이 벌어질 경우에 대비해 가족의 피난처를 구입하라는 식으로 가족에게 주어지는 지침과 비슷하다). 어떤 단계가 되었던 집단의 원만한 작동이 아니라 각기 특이한 개인들은 외롭게 자기가 알아서 결단하기 위해 애쓰고 있지요.

(인류에게 맡겨진 하느님의 모든 피조물을 보호할 책임을 진) **사냥터 관리인** 또는 **정원사**의 태도에 의해 지배되는 사회와 달리 오늘날 고집스럽게 끈질기게 요구되고 있는 것은 **사냥꾼**의 태도

에서 유래한다. 중요한 것은 사냥의 전리품의 양과 크기, 사냥꾼의 가방의 용량이다. 사냥터에서 서식하는 동물상, 미래의 사냥의 성공에 대한 관심은 사냥꾼의 관심사 속에 들어오지 않는다. 세계가 잠재적 소비대상으로 만들어진 것으로 보는 소비자들의 세계에서 권해지는 삶의 전략은 오직 사적으로만 사용하기 위해 안전하고 안락한 틈새를 파내라는 것이다.—인간에게 절망적으로, 치유 불가능하게 비우호적인, 인간의 걱정과 불행에 무관심하며 덫과 매복자들이 사방에 촘촘히 깔려 있는 공적 공간 내부에 말이다. 그러한 종류의 노력 속에서 연대는 큰 도움이 되지 않는다.[12]

현재 급증하고 있는 마주침들에서 막상 만나는 것은 서로 대화를 나누는 사람들이 아니라 상투형들, 예단들, 책임 전가, 비방들입니다. 그것들은 위해 '이야기하기를 좋아하는 사람들'은 단지 통화관 역할만 할 뿐입니다. 중요한 것은 상호 이해가 아니라 다른 쪽을 비하하고 폄하하는 가운데 자기 생각대로 하는 것입니다. 가망 없을 정도로 황소고집인 주변부 사람들만 생각하고 있는 것이 아닙니다. 공적 무대의 전경에 습관적으로 출연해 상호작용의 어조를 규정하고 제도들로 하여금 나라의 나머지 부분이 그러한 어조를 주목해 그것을 배우고 따르도록 만드는 인물들도 함께 생각하고 있습니다. 정치 엘리트들의 일상적 마주침들에서 초청된 명사들은 모두 TV 스튜디오에 들어갈 때 '나'라고 말할 부분은 이미 점을 찍어 정해 놓고 냉정함을 유지하기 위해 꼿꼿한 자세를 유지합니다. 폴란드의 TV 쇼 〈프로스토 우 이치Prosto w oczy〔눈을 똑바로 보고〕〉에 출현하는 손님들은 눈 맞춤을 피하기 위해 할 수 있는 온갖 짓을 다합니다. 그들이 수단과 방법을 안 가리고 피하려는 것은 상호 이해뿐만 아니라 '대화'에서의 상대방의 개종이기도 합니다, 오비렉 선생님. 그들은 그와 정반대 일이 일어나기를 바랍니다. 죄인은 구제할 길이 없음을 입증하는 것이 그것입니다. 너무 완고해 개종은 생각조차 할 수 없으며, 제정신을 차릴 기회는 되돌이 킬 길 없이 사라져버렸으며, 지옥의 문이 항상 뒤에서 세게 닫히게 된다는 것이죠. TV의 게스트들은 대화 테이블의 맞은편에 앉은 사람이 하는 이야기를 이해하는 것을 회피하는데, 이해는 이미 동의하려는 유혹—공포 중의 공포—이기 때문입니다. 당신이 인용한 옹의 현명한 말을 다시 인용하자면, 대화(또는 모욕의 교환이 아니라 영혼들의 진정한 만남)는 **변화에의 동의**입니다. 그것은 (이번에는 세네트를 언급해 보겠습니다) 틀렸다는 것이 발견될, 그리고 틀렸다는 것을 인정할 가능성을 받아들이는 것입니다.

당신은 이렇게 쓰셨습니다. "오히려 남이 하는 말을 듣기 위해 귀를 쫑긋하는 사람을 찾는 것이 중요합니다. 마음이 뒤숭숭해 위안을 찾는 사람을 말이죠." 동의합니다. 주변부의 트롤

들은 그냥 손실로 쳐버리면 그만일 수도 있지만 이 문제의 진짜 핵심은 위험을 찾는 나머지 사람들을 설득해 "남이 하는 말을 듣기 위해 귀를 쫑긋하는 사람을 찾고", 누군가 다른 사람이 아니라—당신과의 대화에서 위안을 발견할 수 있기를 바라며—당신에게 오도록 하는 방법을 찾아내는 것입니다. 여기서는 모든 것은 아니지만 많은 것이 당신에게 의존합니다. 트바르도프스키의 시집 제목인 '나는 당신을 개종시키기 위해 오지 않았다'는 슬로건의 경우 레바논 출신의 프랑스의 유명 작가 말루프(1949~, 레바논 출생으로 베이루트 대학에서 정치경제학과 사회학을 전공하고 12년 동안 주요 일간지에서 국제부 기자로 활약하다 1979년 종교분쟁에 휩싸인 조국을 떠나 파리에 정착했다. 1986년부터 발표되기 시작한 소설 여섯 편이 모두 베스트셀러 목록에 오르는 기록을 세웠다)를 떠올리게 하는군요. 그는 프랑스 문화의 장점에 눈과 귀를 열도록 자신을 납득시키고 자신이 보는 것과 사랑에 빠지도록 이끈 것은 상이한 문화, 전통, 신앙을 짐으로 들고 외국에서 온 신참을 새로운 조국이 맞이할 때 보여준 존경심이라고 고백한 바 있습니다. 그가 다른 사람인 것에 대한 존중, 그가 옹호하는 가치들에 대한 관심, 그의 신앙을 공유하지 않는 사람들이 그가 가진 신앙에 대해 보여주는 존중 등이 그것입니다. 그는 그와 다른 대우를 받았다면 프랑스적인 모든 것에 대한 사랑과 관심은 결코 불붙지 않았을 것이라고 말합니다. 다시 말해 누구도 '프랑스 문화'라는 이름으로 그를 설득시키려고 나서지 않았기 때문에 그는 이 문화와의 '대화'라는 유혹에 넘어갈 수 있었습니다. 그에게 무엇을 강요하거나 심지어 꼬드긴다는 기미는 일절 참아볼 수 없었습니다.

저는 프랑스를 주로 글이나 검시서를 통해 아는 셈인데, 말루프가 행운아였다고 믿습니다. 그는 당신 기준에 딱 들어맞는 프랑스 사람들을 우연히 만나게 되었으며, 그들의 환경 속에 들어가 있는 것을 발견하게 되었습니다. 이 환경은 상이한 틀로 만들어진 환경으로부터 그를 보호해주는 데 동의했습니다. 상호 이해와 신뢰라는 무기로 말이죠. 불행히도 말루프만큼 운이 좋았던 사람은 너무 적었습니다.

앞서 이미 시타티—지금 그의 책을 읽고 있습니다—를 언급했기 때문에 가장 비극적인 세기 중의 하나인 20세기의 가장 위대한 작가 중의 하나인 갈리시아아인 로트Joseph Roth(1894~1939, 오스트리아-헝가리제국령이던 갈리시아 지방 렘베르크 근교의 소도시 브로디에서 태어났다. 렘베르크 대학과 빈 대학에서 독문학과 철학을 공부했고, 1918년부터 빈과 베를린에서 저널리스트로 활동했다. 몰락 직전의 합스부르크 왕국의 모습을 신비스럽게 재현해내는 데 성공한 《라데츠키 행진곡》이 대표작으로 꼽힌다)로 하여금 오스트리아-헝가리 조국과 사랑에 빠지도록 이끈 요소들에 대한 시타티의 또 다른 성찰을 언급하고 싶습니다.

이 거대한 조국은 슬로베니아인들, 체코인들, 모라비아인들, 슬로바키아인들, 이탈리아인들, 폴란드인들, 유대인들, 러시아인들을 포함했으며, 그들을 빽빽한 망 속에 끈질기게 잡아두었다. 이 세계에서는 모든 것이 지속적으로 항상적인 변화의 상태 속에 있었다. 낯 익은 것과 낯선 것, 일상적인 것과 주목할 만한 것, "낯선 것은 색깔을 잃지 않은 채 낯익은 것이 되었으며, 조국은 널리 퍼져 있다는 즐거운 매력을 갖게 되었다." …… 조국은 흥겹고 밝은 곳, 순진무구하기 짝이 없는 곳이 되었다. 만약 이 세계가 어떤 것을 강조하는 태도에 의해 지배되었다면 우리의 〔오스트리아-헝가리〕 이중제국은 신중함, 격정의 자제, 차분한 어조를 선호했다. 그것은 종종 도저히 참을 수 없을 정도로 웃겼으며, 삼류 배우들에 의해 무대에 올려진 오페레타와 너무나 흡사했다. 로트는 바로 이 이유에서 조국을 사랑했다. 전적으로 현실 같아서가 아니라 우스꽝스러웠기 때문이다.[13]

상호 이해 속에는 "흥겹고 밝게, 순진무구하기 짝이 없이" 인간이 공존하기 위한, 상호 이익을 낳을 수 있는 비결이 들어 있을까요? "신중함, 격정의 자제, 차분한 어조" 속에 말이죠. "색깔을 잃지 않은 채 낯익은 것이 될 기회" 또한 말입니다.

5

지평들의 융합

오비렉 지평들의 융합에 대해 이야기해보죠. 이것은 연구 대상이 아니라 삶의 프로그램이죠. 그것을 제안한 사람이 바우만 선생님, 당신인 것이 한층 더 흥미로운데, 당신은 지구화되어 가는 세계에서 차이가 비슷해지는 현상에 대해 많은 글을 써오고 계십니다. 지평들이 융합되는 이 과정—이것은 특히 교육적인데—에서 사람들은 지구화, 균질화와 균등화의 증가에 반대해왔습니다. 각자에 고유한 생애사의 특수한 사항들로 생생하게 반박하는 가운데 말이죠. 이 저항, 그것을 예술 속에 끼워 넣은 몇 가지 사례(자신이 가진 어떤 것을 주는 동시에 타자들에게서 어떤 것을 받아들여 새로운 특질을, 새로운 합금을 만들어내는 것이 그것으로, 그러면 이것의 구성요소는 변형되어 고귀한 것이 됩니다)를 제시해볼 수 있을 것입니다. 앞서 당신이 언급한 말루프로부터 시작해볼 수 있을 것입니다. 그의 《사람 잡는 정체성: 폭력과 소속의 필요》[1]는 제게 큰 인상을 주었습니다. 이주민을 두려워하는 모든 사람에게 이것을 필독서로 지정하지 않은 것은 유감입니다. 그가 행운아였다는 당신의 지적은 맞습니다. 그는 자신이 다르다는 사실에 열린 마음을 가졌고 이를 의식하는 가운데 다른 사람들을 도왔습니다. 이 저서의 일부를, 서로 마음을 여는 것, 그리고 그것이 어떤 차원에서 이익을 주는지를 특히 효과적으로 표현하고 있는 구절을 인용해보겠습니다.

내가 이 문제를 다루는 데에는 상호성에 대한 지속적인 요구가 있다. 이 점은 공정성과 효율성에 대한 요구이기도 하다. 이런 관점에서 '이주자들'에게 다음과 같이 말하고 싶다. "당신들이 이주국의 문화에 스며들수록 그만큼 더 당신 나라의 문화를 이주국에 스며들게 할 수 있다." 그리고 '원거주자들'에게는 다음과 같이 말하고 싶다. "이주자들은 자신의 원래 문화가 존중받을수록 이주국의 문화에 자신을 열 것이다." 나는 단숨에 두 개의 '방정식'을 만들어냈는데, 이유는 둘의 관계가 의자의 다리들처럼 뗄 수 없이 '서로를 붙잡고' 있기 때문이다(《사람 잡는 정체성》, 박창호 역, 이론과 실천, 56~57쪽).[2]

이 의자의 다리들은 전혀 안정적이지 않습니다. 통상 그것은 어떤 사람이 살게 된 새로운 장소의 차이에 대한 두려움에 의해, 자신의 과거에 대한 창피함에 의해 또는—노골적으로 마지못해 그리고 종종 또한 '타자들'에 대한 경멸과 함께 포기되었던—낡은 집의 영광에 대한 강박적인 기억에 의해 지배됩니다. 저는 아직도 말루프가 예외가 아니라고, 불행히 거의 언급되지 않았지만 서서히 규범이 될 것이라고 믿습니다.

시타티를 언급하시니 기쁩니다. 그의 저서들은 바로 이러한 차이의 공존과 상호-풍부화를 묘사하고 있습니다. 그것은 단지 차이의 만남에 관한 것만이 아닙니다. 시타티가 아렌트와 블뤼허의 만남을, 또는 로트가 갈리시아 지방―그곳은 결국 그에게는 천국이 아니었습니다―의 문화적 모자이크에 대해 느꼈던 시적 경이를 얼마나 멋지게 전달하는지 믿기 어려울 정도입니다. 제 생각으로 그의 엄청난 재능은 그의 예리한, 아포리즘적인 정식화들에서 드러나는데, 그것들을 통해 그는 두꺼운 책들에서 전형적으로 묘사되는 현상들을 표현하고 있습니다. 당신이 언급한 저서인 《이스라엘과 이슬람: 성스러운 불꽃들》에서 슐츠Bruno Schulz와 관련해 이러한 문장을 발견했습니다. "땅바닥을 자세히 살펴본 슐츠는 그것이 불빛으로 빛나고 있는 것을 발견했다. 기둥이 불타오르고 있었다. 온통 불바다였다. 불꽃이 피어오르고 있었다. 은하계로부터 떨어져나오기 전부터 그러했던 것처럼 말이다. 모든 것이 생기를 띠고 풍부한 창조력을 자랑하고 있었다. 생명을 주는 원료들을 무한히 많은 것을 다시 만들어내고 있어 어떤 거인도 무엇을 창조할 필요가 없었다."[3] 그 다음 이렇게 덧붙입니다. "예술가의 과제는 말들의 도움으로 세계의 잃어버린 통일성을 회복하는 것이라고 믿는 고대의 저자처럼."[4] 타자들에 대한 그러한 글쓰기는 세계는 어떤 사람의 존재에 의해 변할 수 있을 뿐만 아니라 실제로 그렇게 된다고 믿을 수 있게 해줍니다. 하지만 신화들의 세계―이 세계는 아직 우리에게서 멀어지지 않았습니다. 그것들은 계속해서 세계에 대한 우리의 지각 방식을 형성하고 있습니다―의 풍부함을 묘사할 때도 마찬가지로 대가다운 솜씨를 발휘합니다. 과거에 생명을 불어넣을 수 있는 그와 비슷한 힘을 가진 유일한 사람은 아마 칼라소Roberto Calasso(1941~, 이탈리아의 소설가이자 출판업자이다)일 텐데, 카니아Ireneusz Kania(1940~, 폴란드의 번역가로 여러 언어권의 종교 서적을 미려한 문체로 번역하는 것으로 유명하다) 덕분에 그를 발견하고 사랑에 빠졌습니다. 종교의 신화적, 다성음적 얼굴은 여전히 발견되기를 기다리고 있는 것처럼 보입니다. 그것을 망각하고, 생명을 부여하는 신화의 감로주를 끊어버릴 이유도 없기 때문입니다. 뒤에서 다시 이 주제로 돌아가게 될 텐데, 그것이 종교의 창조적 잠재력의 가능성들을 예증하는 것으로 중요해보이기 때문입니다. 제가 이것을 언급한 것은 이러한 이유에서입니다. 최근 저는 종교간 대화를 추적해오고 있는데, 참가자들이 다른 세계에 들어가 거기서 자신의 전통과 그리 크게 다르지 않거나 그것을 보충하는 어떤 것을 발견할 수 있을 만큼 용감한 순간이 나타나는 것을 특히 흥미롭게 느끼고 있기 때문입니다. 다시 말해 지평들의 융합의 무수한 사례를 제공해주는 것은 바로 종교입니다.

하지만 이번에는 만남의 불가능성, 연대가 산산조각 나는 현상을 날카롭게 분석하고 있는 당신의 글에 대해 간단하게 언급하고 싶습니다. 그렇게 보임에도 전체적인 논지가 주는 교훈은 최초의 특히 낙관주의적이지는 않은 인상을 검증할 것을 강요합니다. 당신은 이렇게 쓰고 있습니다.

'연대'라는 말은 아주 다양한 방식으로 그것은 떠맡을 수 있는 안정적인 구현을 추구한다. 그것을 맹목적으로 단호하게 추구한다. 그리고 찾는 것을 찾을 때까지 그처럼 단호하고 열정적인 모색을 멈추지 않을 것이다. 말을 통해 육체를 찾는 이 과정에서 21세기를 사는 우리는 그러한 모색의 주체인 동시에 대상, 출발점인 동시에 궁극적 목표이다. 그러한 길을 따라가는 여행자들, 자기 발자국으로 그러한 길을 창조하는 사람들이기도 하다. 그러한 길은 궁극적으로 우리 발길이 남기는 흔적들로부터 나타날 것이다. 그러한 과제를 완수하기 전에 지도 위에 그것의 위치를 표시하기는 힘들 것이다.[5]

저는 연대의 흔적들을 이렇게 추적하는 방식에, 앞서 인용한 세 넷 그리고 그가 새로운 휴머니즘을 세 가지로 요약해 정식화하는 방식('비공식적이고 열린 협력')에 동의합니다. 당신이 열심히 해설해주신 바대로요. 본질적으로 그것은 우리가 앓고 있는 질병들에 대한 처방전처럼 보이는군요. 저의 하찮은 경험 말고는 이에 대해 덧붙일 말이 많지는 않은데, 그것은 이 원리가 모든 면에서 올바름을 확인해줍니다. 아마 한 가지 요소를 덧붙일 수 있을 텐데, 그것은 우리의 논지 전체를 덜 기우뚱하게 만들어줄 것입니다. 연민이 그것입니다. 날아가는 기회를 붙잡아 선의의 불꽃에 바람을 불어넣어 그것을 어떤 것을 변형시킬 수 있는 행위의 불길로 피워올릴 수 있도록 능력을 이끌어주는 것은 자발적 친절이라는 원리라고 생각합니다. 연민이 없다면 너무나 많은 것이 싹트다 말 것이며, 실제로는 햇빛을 볼 수 없을 것입니다. 당신 글을 인용하는 것을 좋아하지 않으시리라는 것을 알지만―하지만 저를 용서해주시리라 믿습니다―다시 한 번 어떤 것을 이해하고 상호 이해의 실들을 끈질기게 짤 수 있는 가능성을 일깨우고 지적하기 위한 당신의 전략에 대해 다시 한 번 언급하고 싶습니다. 제가 생각하고 있는 것은 2012년 9월 29일, 지친스키Józef Życiński 대주교의 주도로 루블린에서 열린 〈기독교 문화 대회〉에서 당신이 한 연설입니다. 당신 강연 제목은 이러했습니다. 〈사회 속의 인간에 대한 포스트모던한 이미지: 더 나은 미래를 위한 원천은 어디에?〉 저는 이 고위 성직자가 현대성modernity의 현재적 조건에 대해 특별히 관대하지만은 않은 촌평을 얼마나 많이 내놓았는지를 기억하고 있습니다. 몇몇 정식화에서는 당신의 생각에 대한 언급도 들을 수 있었습니다. 제가 들은 바로는 이렇습니다. 당신이 한 연설의 서두를 인용해보겠습니다.

루블린 대교구의 대주교인 지친스키는 〈기독교 문화 대회〉를 창시하고 이끌어온 수호천사셨습니다. 소비주의 사회의 시장의 번쩍번쩍하는 시끌벅적함 속에서 사라질 위험이 있는 도덕적 요청이 경청될 수 있는 것은, 상업화된 문화의 상스러움과 어리석음, 외설성의 홍수 속에서 익사할 위험이 있는 인간의 존엄성이 그나마 사람들 눈에 뜨일 수 있는 것은 그분의 끊임없는 관심 덕분이었습니다. 우리는 두 번째로—아마 이것이 마지막은 아니겠지요—이 방에 이렇게 모일 수 있게 되었습니다. 지친스키님은 이 방에 계시지 않지만 이 방은 그의 유산으로 가득 차 있습니다. 우리가 함께 인간의 도덕의 운명과 미래에 대해 성찰하기 위해 이 방에서 만나고 있는 것이 그것입니다.[6]

순수한 연민. 당신은 그를 동맹자로 보고 있습니다. 저는 당신이 이 연설을 할 때 염두에 두었던 사람들이 당신 말을 호의로 받아들였으리라고 믿습니다. 심지어 오늘날의 세계에 관한 인간적 기준을 구해야 한다는 과제를 공유하고 있다는 생각과 함께 말이죠.

이것 또한 지평들의 유익하고 창조적인 융합의 또 다른 사례가 아닐까요? 우리의 적대자들은 그렇게 여기지 않겠지만 말입니다. 혹시 이것이 상호 영향과 풍부화의 신화적 사례가 아닐까요? 당신은 이것을 어떻게 생각하실지 궁금하군요.

바우만 오비렉 선생님, 당신은 "《성경》에는 우리가 단지 사후에만 하느님을 인식할 수 있으며 어떤 일이 벌어지는 동안이나 전에는 결코 그럴 수 없다고 쓰여 있습니다"라고 지적하셨습니다. 카프카는 극히 정확한 이 고찰을 약간 바꾸어, 비꼬는 투로 메시아는 항상 하루 늦게 도착한다고 지적하지요. 오늘날의 아카데미즘의 지혜는 통계를 숭배하고, 숫자상의 크기를 어떤 사건의 중요성 및 중차대함과 완곡하게 동일시합니다. 소수파를 무시하거나 무가치한 것으로 간주해 오류라는 주변부로 내모는 성향을 갖고 있습니다. 때문에 제때 메시아를 알아채지 못하는 인간의 이처럼 오래된 성향을 한층 드높이고 조장합니다. 잡목 숲과 나무들, 오물과 수렁, 회오리바람과 눈보라를 뚫고 어디를 가다가 배낭에 희소식이 들어 있는 것을 보고 허둥대는 것이죠.

선사 시대부터 계속해 모든 (통계적) 다수는 소수파로 시작되었습니다. 철학은 인간의 실천을 올바른 궤도로 이끌고 가기보다는 그것 뒤에서 살살 기어 갔다는 느낌을 떨쳐버릴 수가 없습니다. 다시 한 번 로트의 도움을 요청해 보겠습니다.

사람들—선뜻 동의할 테지만 정치가들과는 반대로—은 결코 세계 정치에 의지해 살지 않는다. 사람들은 경작하는 땅에, 주고받는 거래에, 배워온 손기술에 의지해 산다. …… 신문을 읽고, 연설을 듣고, 대표들을 뽑고, 친구들과 뉴스에 대해 이야기

한 후 훌륭한 농민과 장인과 장사꾼들, 도시라면 노동자들은 가정과 일터로 돌아간다.[7]

"가정과 일터에서"는—아마 《대서양 횡단Trans-atlantyk》의 저자는 이렇게 재치 있게 지적할 것입니다—지평들의 융합이 임신되어 태어나거나 유산되고, 자라고, 유아기에 사망합니다. 이 융합은 자체에 고유한 법칙에 의해 지배되며, 주요한 무대에서의 격동과 소동이나 앞무대에서의 소란에 대해서는 도전적일 정도로 무감각합니다. 그것이 존재하게 될지 아니면 궤도 속에서 멈출지는 인간의 조건에 의존합니다. 일부 조건은 인간의 연대와 협력의 제조소이며, 다른 일부는 철학자나 선동가의 결의법보다 상호 분리와 별거를 지키는 데 더 효율적인 상호 의심, 증오, 경쟁, 경합을 드러냅니다. 오늘날 우리의 조건은 두 번째 범주에 속하는 것처럼 보입니다. 모든 조건은 궁극적으로 인간들의 선택이 축적되고 결합되어 나오는 산물입니다. 선택들은 우리가 넋을 잃고 바라보도록 훈련받고 준비하게 되는 무대가 아니라 말하자면 무대의 불빛이 거의 미치지 않는 연극 무대의 양쪽 끝에서 이루어집니다. 철학자와 사회학자, 신학자들에게(이들은 모두 자신의 생각이 기록할 만한 가치가 있는 반면 다른 글쟁이들의 생각은 진지하게 다룰 가치가 없다고 주장하지요) 메시아가 하루 늦게, 또는 그보다 더 늦게 도착하는 것은 놀랄 만한 일이 아닙니다. 심지어 그때에도 그들은 오직 여행하는 동안에만 가짜 메시아들의 부추김에 의해 돌팔매에 맞아 죽는 것을 피할 수 있습니다.

　루블린에서의 사건과 관련해 당신은 "혹시 이것이 상호 영향과 풍부화의 신화적 사례가 아닐까요? 당신은 이것을 어떻게 생각하실지 궁금하군요"라고 말씀하시면서 제가 주저 없이, 단호하게 얼마만큼 기꺼이 동의할 수 있는지를 물었습니다. 하지만 경험의 제약을 받고, 날아갈 듯한 행복을 제지당하는 상식은 이렇게 암시합니다. '그것은 그저 하나의 **시도**일 뿐이야.' 그저 시도일 뿐입니다. 아마 비성공적인 시도 중의 하나일 뿐이죠. 하지만 이렇게 덧붙이고 싶습니다. 시도(들)의 패배는 시도하는 것을 멈출 때가 되었다는 것의 **증거**가 아닙니다. 기껏해야 패배는 시도하는 것을 멈출 **핑계거리**로나 쓰일 수 있을 뿐입니다. 그리고 증거와 핑계거리는 너무 자주 혼동되지만 동일한 것이 아닙니다! 지평들의 융합은 인간의 삶의 실천과 경험들이 합쳐지고 함께 짜이기 위한 토대입니다. 이렇게 합쳐지고 함께 짜여지는 것―이것은 신뢰, 우정, 존경, 협력에의 욕망에 의해 촉진됩니다―이 없다면 지평들의 융합에서 기대할 것은 아무것도 없게 됩니다. 이 모든 조건은 각자에 고유한 계기에 의해 동력을 부여받은 채 비슷하게 메시아에게로 새어나갑니다. 이웃에 함께 살며 일상적으로 상호작용한다는 논리에 따라 간파되지 않은 채, 알아채지 못하고, 눈에 띄지 않은 채로 말이죠.

헌팅턴이 말하는 '(냉전의 종말 이후에는 이념의 차이가 아니라 전통, 문화, 종교적 차이 등을 중심으로 문명이 충돌하게 된다고 주장하는) 문명의 충돌' 수준에서는 불가능해 보이는 것이 이웃 간의 상호작용 수준에서는 가차 없는 필연성이 되는 것입니다. 바로 거기에 희망이 존재합니다.

오비렉 사후에 중요한 것과 관련해 우리가 발견하는 것에 대해 《성경》의 생각을 당신처럼 수정하는 방식이 정말 마음에 듭니다. 그러면 우리에게는 미지의 것만 남아 그것을 맹목적으로 손으로 더듬어나가는 수밖에 없다는 말씀인가요? "잡목 숲과 나무들, 오물과 수렁, 회오리바람과 눈보라를 뚫고 어디를 가다가 배낭에 희소식이 들어 있는 것을 보고 허둥댈 때" 우리는 선택한 방향이 메시아를 볼 수 있도록 해주는 방향인지를 알 수 있는 상태에 있지 않기 때문입니다. 바우만 선생님, 당신은 정확하게 지적하고 있습니다. 역설적이지만 바로 여기서 구원을 찾아야 하지 않을까요? 이 경우에는 아무것도 없을 것입니다. 슐츠의 가장 중요한 이야기에서처럼 말입니다. 그것은 '메시아'라는 제목을 가진 것으로 알려져 있는데, 지금은 보존되어 있지 않습니다. 우리는 각자 자신의 메시아를 새로 써야 하거나 또는 오히려 이미 존재한다는 사실 자체에 의해 이미 그것을 쓰고 있기 때문입니다. 《성경》을 말할 때 〈창세기〉, 1권 26장에 들어 있는 이 아름다운 산문을 기억할 만한 가치가 있습니다. "하느님께서는 '우리 모습을 닮은 사람을 만들자' 하시고." 그것은 2장 7절에서는 약간 달라집니다. "야훼 하느님께서 진흙으로 사람을 빚어 만드시고 코에 입김을 불어 넣으시니, 사람이 되어 숨을 쉬었다." 어떻게 된 건지를 우리는 정말로는 모르는 셈입니다. 우리가 진흙으로 빚어진 후 입김을 불어 넣어진 것인지 아니면 하느님을 닮은 모습으로 만들어진 것인지를 말이죠. 이것이 온갖 긴장과 '문명의 충돌'을 야기하는 것이겠죠. 일부 사람은 〔다른 사람에게서〕 하느님의 흔적을 보는 반면 다른 사람은 무가치한 먼지로, 즉 인간의 신성을 흐리게 하는 먼지로 간주하니 말이죠. 또 다른 사람들은 자신은 보잘것없다는 이미지에 부담을 느끼며, 다른 사람들도 그렇다고 의심하면서 자신의 존재를 즐거워 할 수 없게 됩니다.

이것은 성스러운 텍스트에 대한 이상하고, 비정통적인 해석일 것입니다. 제 생각으로 그것은 로트의 빼어난 이야기에서 너무나 놀라운 모습으로 등장하는 갈리시아 소년의 회의주의와 공명하고 있습니다. 그것은 제 할아버지를 떠올리게 하는데, 저는 당신이 손에 펜은 두말할 것도 없고 책이나 신문을 들고 있는 모습을 본 적이 없습니다. 하지만 폴란드 노동자당〔폴란드공산당의 정식 명칭〕 시대의 마을의 복잡한 내부 사정들을 훤히 꿰고서는 이를 웅변적으로 들려주시는 모습은 저를 매혹했습니다. 제 앞에서 낭독해주셨으며 저 말고는 오직 말馬들만 들은 우스꽝스러운 독백들은 실제로는 고물카(1956~1970년까지 폴란드통일노동자당 총서기로 수상을 역임했다)의 연설을 살짝 비튼 것으로 제가 최초로 정치보다 더 넓은 세계에 입문하게 된 계기가 되었습니다. 흥미로운 것은 제 조부가 사제들 및 가톨릭교회와 관련해서는 수미일관된 무관심을 고수한 것이었습니다. 당신은 철저하게 침묵을 지켰습니다. 한 폴란드 농민이 위험한, 심지어 당신이 보기에는 전지전능한 정권에 대해 불경한 거리를 유지한 반면 힘없는 가톨릭교회에 대해서는 침묵을 지킨 것은 흥미롭습니다. 당신은 일주일에 한 번만 교회에 나갔는데, 나름의 견해를 갖고 계셨을 것입니다.

왜 갑자기 할아버지 생각이 났는지 모르겠습니다. 개인적인 지평들의 융합을 통해서였을 것입니다. 그것을 당신이 어찌나 시적으로 멋지게 묘사하시는지 이 문장을 떠올리지 않을 수 없군요. 당신은 지평들의 융합에 대해 이렇게 쓰셨습니다. "인간의 삶의 실천과 경험들이 합쳐지고 함께 짜이기 위한 토대입니다. 이렇게 합쳐지고 함께 짜여지는 것이 이것은 신뢰, 우정, 존경, 협력에의 욕망에 의해 촉진됩니다 지평들의 융합에서 기대할 것은 아무것도 없게 됩니다." 세상의 소동으로부터 건강한 거리를 유지하려는 이 태도—로트는 이를 얼마나 찬양하는지요—속에는 세계의 구원, 적어도 변형을 위한 모종의 열쇠가 들어 있지 않을까요? 제 어린 시절의 경험은 폴란드 또한 러시아, 리투아니아, 심지어 유럽 농민들의 경우까지 포괄하도록 확대될 수 있을 텐데 반드시 그러해야 할 것입니다. 그들의 목소리들은 오직 오두막에서만 들을 수 있었으며 그들의 지혜는 직접적 소통을 통해서만 전달될 수 있었습니다. 자신의 말을 기록하려는 생각은 누구에게도, 분명히 그들 농민들에게도 떠오르지 않았습니다. 누군가 읽고 오해할까봐 하느님이 금지했기 때문입니다.

바우만 선생님, 쉽게 추정하실 수 있듯이 제가 여기서 그대로 따라하고 있는 사람은 플라톤 본인 그 이상도 이하도 아닙니다. 그는 많은 글을 썼고, 또 정말 대단한 정도로 세계와 인간에 대한 유럽적(유럽적이기만 할까요?) 관점을 형성했지만 쓰여진 말을 완전히 믿지는 않았으며 그와 관련해 신중에 신중을 기할 것을 권했습니다. 특히 가장 중요한 문제와 관련해서 말이죠. 《파이드로스》에서 이에 대해 논한 바 있는데, 소크라테스의 목소리를 통해 의구심을 표했고 《편지들》에서 이를 직접적으로 표명한 바 있습니다. 이것은 잘 알려진 논쟁이지만 상기한 만한 가치가 있는 것은 모든 사람에게 명백한 것은 아니기 때문입니다. 친구들에게 쓴 일곱째 편지에서 그는 이렇게 말합니다.

"그것들에 대한 나의 저술은 있지도 않고 또 결코 나오지도 않을 겁니다. 왜냐하면 그것은 다른 학문들처럼 결코 말로 옮길 수 있는 것이 아니라 주체 자체와 관련해 이루어진 아주 오랜 교유와 공동생활로부터, 예컨대 튀는 불꽃에서 댕겨진 불빛처럼 갑자기 혼 안에 생겨나서 비로소 자기 자신을 스스로 길러내기 때문입니다(《편지들》, 341c, 강철웅 외 역, 이제이북스, 111쪽)."

당신은 인간의 역사에서 가장 위대한 철학자 중의 하나가 쓴 글이라는 점을 고려할 때 이것이 참으로 놀라운 이야기임을 인정할 수 있을 것입니다. '플라톤주의의 창조자'가 "어떻게"라고 주장할 수 있는지를 파악하기는 도저히 불가능합니다. "지각이 있는 자들은 그것에 자기 생각을 담지 않을 것인데, 글로 새겨진 것들이 겪는 고정성 때문이기도 합니다"[8] 그것은 플라톤에게 어떠한 평화도 가져다주지 않을 것이며 그는 믿기 힘들 정도로 엄청난 책인 《파이드로스》에서 이 주제로 돌아갑니다. 제 자신의 농민적 뿌리와 너무나 긴밀하게 관련되어 있기 때문에 다시 한 번 플라톤의 텍스트를 인용하는 것을 허락해주십시오. 이번에 글쓰기에 대한 그의 의구심이 명료하게 표명됩니다. 소크라테스는 글쓰기를 고안한 사람은 테우트라는 이집트 왕 타무스의 말을 들먹이는데, 그것은 오늘날 여전히 사실이라고 할 수 있습니다.

그것은 그것을 배운 사람들로 하여금 기억에 무관심하게 해서 영혼 속에 망각을 낳을 것이니, 그들은 글쓰기에 대한 믿음 탓에 바깥에서 오는 낯선 흔적들에 의존할 뿐 안으로부터 자기 자신의 힘을 빌려 상기하지 않기 때문이오. 그러나 당신이 발명한 것은 기억의 묘약이 아니라 상기의 묘약이지요. 그대가 그대의 제자들에게 주는 것은 지혜의 겉모양이지 진상이 아니라오. 왜냐하면 그들은 그대 덕분에 가르침을 받는 일 없이 많을 것을 듣게 되고, 자신들이 많이 안다고 생각하겠지만 사실 대부분 그들은 무지하고 상대하는 데도 어려움이 있을 것이니 그들은 진정으로 지혜로운 자가 아니라 겉보기에 지혜로운 자인 까닭이오.[9] (조대호 역, 문예출판사, 141~142쪽)

소크라테스는 말에는 해석해야 한다는 전제조건이 따른다는 것을 명시하는데, 그것 없이는 진정으로 말을 이해할 수 없기 때문입니다.

자네에게는 그것들이 마치 무언가 생각을 갖고 말하는 것처럼 보일 수도 있겠지만 그 글에 담긴 것들 가운데 무언가 배우고 싶은 것이 있어서 질문을 던지면 글은 언제나 똑같이 하나만을 가리킨다네. 일단 글로 쓰이고 나면 모든 말은 장소를 가리지 않고 그것을 이해하는 사람들 주변과 그 말이 전혀 먹히지 않는 사람들 주변을 똑같이 맴돌면서 말을 걸어야 할 사람들과 그렇지 않은 사람들을 가려 알지 못하네. 잘못된 대우를 받고 부당하게 비판을 당하면 언제나 아비의 도움을 필요로 하지. 혼자서는 자신을 지킬 수도 없고 자신을 도울 힘도 없기 때문이라네.[10][앞의 책, 143~144쪽]

아마 농민의 경고는 정당화될 수 있을 것이며, '똑똑 바보'가 그들에 대해 쓴 것은 농민들의 실제 생각과는 아무런 관계도 없습니다. 이런 생각이 떠오른 것은 당신이 로트의 소설 《황제의 흉상Die Büste de Kaisers》에 관심을 표했을 뿐만 아니라 오늘날 폴란드에서 농민적 유산이라는 주제에 대한 토론이 빈번하게 이루어지고 있기 때문이기도 합니다. 이 주제는 많은 오해와 별로 바람직하지 않은 우월감을 낳고 있는 것처럼 보입니다.

이 주제로 돌아갈 기회가 있을지 모르겠습니다. 따라서 농민 문화의 종말에 관한 미슬리프스키Wiesław Myśliwski[1932~, 폴란드 소설가로 폴란드 농촌의 삶을 집중적으로 그린 것으로 유명하다]의 홍미로운 고찰들을 돌이켜보도록 하겠습니다. 그것은 폴란드 지식인들에 의해 충분히 알려지지도 평가되지도 않았습니다. 그들은 "몇몇 예외를 제외하고는 농민 문화에 대해 많은 것을 몰랐으며 알고 싶어 하지도 않았습니다."[11] 그것은 유감인데, 그러한 몰락은 우리는 누구인가에 대한 이해에 큰 해를 끼칠 것이기 때문입니다. 폴란드 농민이 끈질기게 살아남은 것 속에서 사회 전체의 정체성이 끈질기게 살아남는 것의 원천을 간파하는 미슬리프스키의 주장에 동조하고 싶은 생각이 드는 것이 사실입니다. "하지만 내 생각으로 폴란드가 살아남은 것은 대부분 농민들 덕분이다. 땅, 언어, 신앙에 대한 그들의 애착 덕분에 말이다. 농민이 살아남은 것은 아버지와 할아버지들로부터 계속해서 이 세 가지 것에 기초해 평가되어 왔다. 폴란드가 어머니였던 아니면 계모였던 또는 도대체 무엇이었던 상관없이 말이다. 폴란드에 대해 무엇을 알던 또는 어떻게 느끼던 무관하게 말이다."[12] 비록 이 진술 속에 과거에 대한 이상화와 향수가 들어 있지 않은 것은 아니지만 그것이 오늘날 벌어지고 있는 역사적 정치 또는 정치 일반에 대한 논의에 어떤 핵심적인 내용을 보충해주고 있는 것을 무시할 수는 없을 것입니다. 만약 미슬리프스키가 옳다면 의식을 형성하기 위한 가장 중요하고 안정적인 방식은 비언어적 수단을 통하는 것입니다. 이와 관련된 또 다른 농민 문화의 요소가 존재합니다. 경험이 그것입니다. 미슬리프스키는 의도적으로 여기서 자신이 어떤 종류의 경험을 의미하는지를 구체적으로 밝히고 있지 않습니다. 그것은 삶 자체, 또는 단순히 일어나는 일들과 교환 가능한 것으로 간주될 수 있을 것입니다. 그는 이렇게 쓰고 있습니다.

경험은 이 문화의 토대였다. 세대들을 의미하는 수평적―만약 이런 식으로 묘사하는 것이 가능하다면—경험과 사람들이 생활하는 공동체들을 의미하는 수직적 경험 모두의 토대였다. 그것은 존재의 고됨에 대한 경험이었으며, 그러한 관점에서 과장 없이 실존적 충만함에 대해 이야기할 수 있다. 이 경험은 사람들이 개인이나 집단으로 이 세계에서 마주칠 수 있는 어떤 것도 결여하고 있지 않았다. 이 경험으로부터 이 문화의 철학 체계가 나오는데, 그것이 자장가와 같은 인간의 행동, 실천적이거나 유용한 지혜, 일반화의 지혜, 평가, 판단 속에 스며든다. 그것은 기본적으로 온갖 욕구를 충족시킬 수 있는 자원을 갖고 사람들이 삶의 지침으로 삼아야 하는 안내 지침, 규칙의 모음집을 만들어낸다. 지혜는 유머와 아이러니 속에서 드러나며, 농민적 형태의 기쁨과 축하 의식, 결혼식, 농민적 에로티시즘, 연애, 희희덕거림을 흠뻑 적신다.[13]

우리는 구술 문화를 보게 되는데, 핵심적인 것을 애써 기록해 둘 필요가 없게 되는 것이죠. 그것은 삶 전체를 포괄하며 공동체를 보존하는 경험입니다. 그것은 해당 공동체의 정체성과 함께 다른 공동체들과의 차이를 표현합니다. 공유된 운명이 어떤 사람을 농민으로 만드는 것이죠. 바로 이것이 로트가 염두에 두고 있던 것이 아닐까요?

이제 상황은 달라졌습니다. 만약 농민 문화가 다 소진되었다면 무엇이 그것을 대신했을까요? 오늘날 누가 폴란드인일까요? 궁극적으로 향수에 젖어 할아버지를 기억하는 동시에 완전히 할아버지의 세계 바깥에 있음을 깨닫는 저는 누구일까요? 저는 책의 세계에 의해 형성된 것처럼 보입니다. 책들이 먼저 교회의 방들로, 그리고 학계의 방들로 들어가는 것을 허용해주었기 때문입니다. 이 방들은 저의 유년기의 상실과 연결된 대안처럼 보입니다. 저는 지금 그 세계로 돌아가는 방법을 생각 중입니다. 그렇게 돌아갈 수 없다는 걸 잘 알지만 말입니다.

저의 농민적 계보에 대해 너무 많이 나간 것은 아닌지 모르겠습니다. 일단 시작했으니 끝을 맺기로 하지요. 저는 제 자신이 무언의 유산의 상속자라고 생각합니다. 《황제의 흉상》의 주인공이 신문의 세계에 대해 느끼는 회의주의를 이해할 수 있을 것처럼 보입니다. 그것을 느낄 뿐만 아니라 공유하는데, '페이스북'과 '트위터'—늘 존재하는 인터넷으로부터 무슨 다른 변종이 등장할지 누가 알겠습니까—에 의해 급증하고 있는 오늘날의 신문은 삶을 보다 쉽게 해준다고 주장되지만, 실제로 더 복잡하게 만들며 멋진 망net으로 둘러싸인 더 많은 고독을 만들어내고 있습니다. 이것이 바로, 바우만 선생님, 당신이 이미 걸어온 길로, 저 또한 완전히 길을 잃지 않고 감히 걸어가기 시작한 길입니다. 저는 저의 농민 쪽 부분에 남아 있는 쪽을 택하겠습니다. 여기서 어떻게 지평들의 융합에 대해 이야기할 수 있을까요? 이 경험 전체가 한 세대나 기껏해야 두 세대에 국한되어 있고 본질적으로 기존의 행동 형태의 재생산으로 이루어져 있는데 말입니다. 모든 것에도 저는 농민의 경험에 대한 메시지 속에서 앞서 언급한 바 있는 〈창세기〉에서의 창조 이미지에 대해 개별적 촌평을 찾아볼 수 있다고 생각합니다. 나는 제2의 나에 의해 창조되었으며, 바로 거기에 선의와 독특함의 원천을 위치시키는 것이죠. 텍스트의 매개 없이 말이죠.

바우만 당신은 플라톤을 인용해 이렇게 쓰셨습니다. "그것들에 대한 나의 저술은 있지도 않고 또 결코 나오지도 않을 겁니다. 왜냐하면 그것은 다른 학문들처럼 결코 말로 옮길 수 있는 것이 아니라 주체 자체와 관련해 이루어진 아주 오랜 교유와 공동생활로부터, 예컨대 튀는 불꽃에서 댕겨진 불빛처럼 갑자기 혼 안에 생겨나서 비로소 자기 자신을 스스로 길러내기 때문입니다" 하지만 저는 그것을 받아들이지 않을 것입니다. 플라톤이 "인간의 역사에서 가장 위대한 철학자 중의 하나"로 칭송되는 데는 다 이유가 있습니다. 오늘날에도 여전히 많은 사람이 다 충분한 근거를 갖고 화이트헤드 이후 서구의 모든 철학은 플라톤에 대한 일련의 각주라는 주장을 반복하고 있습니다.

당신의 핵심적인 탐구에서 쟁점이 되는 것으로 돌아가기로 하죠. 아무리 적은 머리카락이 제 머리에 남아 있더라도 만약

‘서버들’과 ‘클라우드 컴퓨팅’ 시대에 소크라테스와 타무스 사이에 대화가 이루어진다면(그러한 시대에 소크라테스가 존재할 수 있으리라고—다소 의심스럽습니다만—상상할 수 있다면) 소크라테스가 그에게 말한 내용에 머리카락이 쭈뼛하고 설 것입니다. 서버들은 다른 여러 특징 중에서도 우리가 흠모하는 마음과 두려움을 뒤섞어 ‘전통’, ‘유산’ 또는 ‘케리그마kerugma〔예수 그리스도의 속죄에 관한 하나님의 말씀을 전하는 것 곧 복음을 선포하는 것〕’라고 불러온 것을 우리에게서 빼앗아가는 것을 특징으로 갖고 있습니다. 그런 다음(즉 지금) 전통은 콜라코프스키의 동화 속 주인공이 전당포에 맡기며 다시 필요로 할 때까지 거기 안전하게 보관되리라고 믿는 얼굴과 운명을 공유하고 있습니다. 일부 부랑아들이 그것을 공으로 만들어 이웃한 마당에서 그것으로 축구를 하리라는 것은 모른 채 말입니다.

사유를 저장하기 위한 창고, 특히 글쓰기라는 기술은 인간의 역사에서 최근의 발명품이었습니다. 그것이 고안되기 전에는 구어적/청각적 대화가 생각을 교환하고 나누는, 지식을 전달하고 나누는, 가르치고 배우는 유일한 방법이었습니다. ‘현명한 대화’—이것은 토마스 만의 《요셉과 그의 형제들》에서 너무나 정확하게 재구성되고 있습니다—는 인류사의 대부분 동안 행위와 사건들이 역사로 재주조되는 유일한 대장간이었습니다. 인간적 시간의 통시적(‘수직적’) 차원과 통시적(‘수평적’) 차원이

뒤얽히는 만남의 지점으로, 다시 말해 **유산**과 **공동체**의 두 차
원이 만나는 지점이었습다. 이 모든 것은 부지불식중에, 저절로,
제 힘으로, 지시된 절차를 따르면 특정한 결과를 보장하는 것으
로 믿어지는 전문 학술적 글쓰기 없이, 감독이나 감시원 없이 일
어납니다. 그러한 조건(그것은 글쓰기와 문서고의 발명과 함께 영원히
끝장나게 됩니다) 하에 '나는 누구인가' 또는 '나의 자리는 무엇인
가?'와 같은 질문은 대상이 없거나 심지어 이해 불가능할 것입
니다. 공동체나 전통의 매력에 대해 그저 경탄만 하는 것은—
그것들의 습득이나 구성 또는 재탄생은 두말할 것도 없이 말입
니다—유산이 붕괴 중이며 똑바로 서 있기에는 두 다리를 너무
떨고 있음을 알리는 신호라고 할 수 있습니다. 기억의 '정치학'은
과거는 문서고의 서가에 배치되고 재배치되어야 하는 기록들의
모음이라고 가정함으로써 공동체와 전통에 조종을 울립니다. 그
러한 생각은 장례식의 연회에서나 할 법한 것입니다.

　여기서 그만 멈추어야 할 것 같습니다. 너무 멀리 나간 것처
럼 보이니 말입니다. 인류학의 가장 위대한 정신 중의 하나인 터
너Victor Turner의 가르침과 교훈으로부터 분명히 알 수 있듯이 '현
명한 대화'의 부고를 쓰기에는 (그렇게 해야 할 때가 도대체 온다면 말
입니다) 아직 너무 이릅니다. 반세기 전에 공동체Gemeinschaft와 사
회Gesellschaft를 역사의 두 가지 연속적인, 상호 배제적인 두 단
계로 제시한 퇴니스의 주장과 반대로 공동체communitas와 사회

societas(터너가 이렇게 부르는 것은 용어에 대한 불필요한 혼동을 피하기 위해서입니다)는 모든 인간의 집합체에서 공존할 뿐만 아니라 각자가 서로에게 의존하며 서로를 요구합니다. 이 양자의 공존 없는 인간 존재는 생각조차 할 수 없습니다. 다가올 몇 세기 동안 동시에 이 둘 모두에 잠기는 것을 누구도 피할 수 없을 것입니다. 이 둘은 우리가 인간적 존재라고 부르는 직조물의 날실과 씨실입니다. 이 두 가닥이 가장 밝은 색, 가장 넓은 줄무늬 자리를 놓고 경쟁을 벌일 테지만 동시에 평생 협력할 운명입니다. '기록된'(또는 지금은 가상적) 문화와 구어적 문화 모두에서 서로는 상대방이 없이는 제대로 해나갈 수가 없습니다. 오직 다른 것이 함께해야 존재할 수 있습니다. 글쓰기 이전으로 되돌아가는 일은 있을 수 없습니다. 동시에 '농민 문화'—이것의 원형은 19세기의 민속학자와 민족지학자들에 의해 발견되고 기록된 바 있습니다—의 일부 각인은 우리 안에, 우리와 함께 존재합니다.

리오타르가 지적하는 대로 지난 세기에 변한 것이 있는데, '거대 서사(보편적 원리로 세계를 설명하려는 틀)'의 몰락이 그것입니다. 하지만 그에 수반해 서사가 급증했습니다.—서사가 촘촘히 무리를 이루어 촉지觸肢할 수 있을 정도로 가까이 있는 것은 지속적인 소통을 뻔한 결과로 만듭니다. '역사적 정치'가 그러한 조건에서 저절로 등장하지 않는다면 그것을 고안할 필요가 있을 것입니다. 아마 볼테르만 이렇게 말할 것입니다. 현재의 우리 상황에서 배경의 투명성과 '자명성', 세계를 길들여 인식 가능하게 하는 것을 방해하는 것은 공동체communitas와 사회societas 사이의 갈등이라기보다는 서로 조화를 이루지 못하는 목소리들이 불협화음을 내고 양립 불가능한 다양한 이타성들이 알력과 갈등에 휩싸인 채, 하지만 아주 가깝고 내밀한 상태로 인접한 가운데 공존하는 것입니다.

우리가 숙고 중인 문제의 주요 주제로 돌아가 봅시다. 현재 논란이 되고 있는 문제를 관용구로 번역해봅시다. 그것은 유일신론과 다신론 사이의 투쟁에 관한 것이라기보다는 다수의 신이 다신론적 **삶**의 맥락에서 종합을 피하는 완고한 방법에 대한 것입니다. 서버들, 이산들, 정보 고속도로의 세계 속에서 사는 각각의 삶이 그것입니다. 경쟁하는 정치가들이 역사가 흉내를 낸 역사를 다시 서술하고, 유산의 내용을 재선별하는 문제를 제기하는 데―그리고 그러한 짓거리부터 풍부한 정치적 소득을 얻기를 기대하면서 극히 단순화된(상호 모순적인) 공약을 들고 길 잃은 사람들을 구해주며 당황해하는 사람들에게는 상황을 분명하게 해주겠다는 약속을 들고 각각의 유권자들(그리고 바라건대 신민들)에게 서둘러 달려가는 데―어떻게 삶의 방향이 뒤죽박죽되지 않겠습니까? 그러니 당신 말대로 당신이 《황제의 흉상》의 주인공이 "신문의 세계에 대해 느끼는 회의주의"를 이해할 뿐만 아니라 공유한다고 해서 놀랄 필요는 없을 것입니다. 아래와 같은 고찰로 당신은 그러한 회의주의의 원천을 정확하게 지적하고 있지요. "'페이스북'과 '트위터'—늘 존재하는 인터넷으로부터 무슨 다른 변종이 등장할지 누가 알겠습니까—에 의해 급증하고 있는 오늘날의 신문은 삶을 보다 쉽게 해준다고 주장되지만 실제로 더 복잡하게 만들며 멋진 망으로 둘러싸인 더 많은 고독을 만들어내고 있습니다." 고독한 사람들의 무리 속에서의 고립이 그것입니다. 이들은 원하든 원하지 않던 지속적으로 접촉하고 있음을 기억하도록 합니다. 제가(저보다는 한참 짧긴 하지만 또한 당신이) 살아오는 과정에서 정말 무엇인가가 사라진 것이 있다면 아마 당신이 말한 다음과 같은 상황일 것입니다. "그들의 목소리들은 오직 오두막에서만 들릴 수 있었으며 그들의 지혜는 직접적 소통을 통해서만 전달될 수 있었습니다." 오늘날이라면 당신의 할아버지도 노트북을 구입할 것이며, 본인이 페이스북 계정을 만들 수 없다면 손자에게 도움을 청할 것입니다. 우리처럼 '유무선 위의 소음'에 기여할 텐데, 우리 모두 헛되이 이 소음을 제거하려고 애쓰고, 그것을 줄이는 것은 정도는 다르지만 모두 바라마지 않고 있습니다.

첨언하자면, 당신 할아버지가 부럽군요. 제 할아버지인 이작은 몇 번 시도해보고 잘 안 되자 역사 이야기를 들려주는 것을 포기하셨습니다. 저는 종족이 다른 아이고 '현명한 대화'에 적합한 소중한 파트너가 아니라고 생각하셨던 모양입니다.

6

새로운 전통
창조하기

오비렉 친애하는 바우만 선생님, 만약 서버들이 우리의 전통과 유산을 빼앗아가고 있다면 우리에게는 무엇이 남을까요? 당신이 토마스 만을 따라 언급한, 그리고 다양한 형태의 글쓰기가 치유 불가능하게 파괴해버린 '현명한 대화'는 이제 우리에게는 접근 불가능합니다. 그러한 대화의 부고장을 쓰는 것은 너무 쉽다는 말씀에 동의하면서도 얼마나 많은 글쓰기기가 우리 자신과 세계를 파악하는 방식을 (당시의 사람들이 동의할 수 있는 방식으로) 재형성했는지를 기억하는 것도 가치 있어 보입니다. 제가 글쓰기의 도입에 따른 결과를 인식하도록 해준 두 위대한 선생님의 존함을 언급하지 않을 수가 없군요. 한 분은 타의 추종을 불허하며 왕성한 필력을 자랑하는 잭 구디Jack Goody(1919~2015, 영국의 빼어난 사회인류학자로 아프리카, 유럽, 아시아의 사회와 역사를 폭넓게 비교 연구하면서 가족과 결혼, 음식과 꽃의 고찰에 이르기까지 연구 영역을 확대해 다양한 결과물을 내놓으며 국제적으로 확고한 명성을 획득했다)이며, 다른 한 분은 이분만큼 왕성한 필력을 자랑하지는 않지만 신간이 나올 때마다 논란을 일으키고 있는데, 얀 아스만Jan Assmann(1938~, 독일의 위대한 이집트학 학자로 이집트학과 고고학, 그리스학을 전공했다. 전공 영역인 이집트학을 넘어 종교학 연구에까지 연구 범위를 확장해 역사학자, 문예학자, 종교학자들에게 문화적 기억 이론으로 명망을 떨쳤다. 대표작으로는《문화적 기억》등이 있다)입니다. 구디의 책 중 한 권만 언급하겠습니다.《글쓰기의 논리와 사회의 조직The Logic of Writing and the Organization of Society》이 그것으로, 다른 책들 또한 한번 자세히 살펴볼 만하지만 제게는 특히 이 책이 그렇습니다.[1] 그의 견해에 따르면 통치자들에게 실제로 끝없는 가능성을 열어준 것은 글쓰기입니다. 즉 권력을 공간뿐만 아니라 시간 속에서도 손에 쥐어준 것입니다. 글쓰기를 이용할 수 있는 이 능력은 이웃들과 접촉할 수 있는 능력, 이웃을 정복할 수 있는 능력을 제공해주었습니다. 특정한 민족이 독립적으로 되고 멀어져간다는 느낌이 증가하면 그것은 갈등과 전쟁의 불꽃이 되었습니다. 특히 하느님에 대한 숭배가 수반될 때 그러했습니다.

세계 종교(그리고 글로 쓰여진 이데올로기)의 등장과 함께 집단 간 갈등은 정치 단위 안뿐만 아니라 바깥에서도 이전과는 완전히 다른 방식으로 진행되었다. 내적으로 교회와 국가의 자율성이 증가하고, 글로 기록된 종교가 경계를 유지하는 특징을 띠게 된 결과 두 '대규모 조직' 간의 긴장과 투쟁뿐만 아니라 상이한 '세계 종교' 추종자들 사이의 갈등도 증가해 종교전쟁에 이르렀다.[2]

글쓰기는 정복과 종속의 실천을 단순화하고 인가했습니다. 다른 한편 글쓰기는 양날을 가진 특징을 갖고 있는데, 따라서 그것을 쥔 사람에게 등을 돌릴 수 있습니다. "경계들 — 이것은 경

經으로 된 종교들과 관련된 경계들을 표시한다—이 생기면 달 아난 종파들뿐만 아니라 달아난 개인들, 즉 배교자와 변절자가 생기게 된다. 개종이란 글로 쓰여진 단어들이 만들어내는 또는 규정하는 경계들의 기능이다."[3] 그것은 나쁜 일이 아닐 것입니다. 중요한 것은 이용 방식입니다. 책에 들어 있는 구디의 이 생각을 더 살펴보고 싶은데, 종교와 관련되어 있습니다.

하느님에게서 들은 다음 입에서 입으로 전해지는 말은 변형을 겪으며 상대적으로 쉽게 변화된 환경에 적응합니다(구디가 말의 '결합적 성격'이라고 부르는 것이 바로 그것입니다). 일단 글로 쓰여지면 그것은 최종적이며 불변적인 참조점이 됩니다.

글을 읽고 쓸 줄 아는 교회에서 교리와 의례는 비교에 의해 굳어진다(즉 도그마틱해지고, 의례주의적으로 되고, 정통적으로 된다). 신조는 글자 그대로 낭송되며, 하느님의 계명은 암기되며, 의례는 말 그대로 반복된다. 만약 변화가 일어난다면 그것은 종종 달아나는 운동 형태를 취한다('달아나다'라는 용어는 모체의 교회로부터 분리된 분파들에게 사용된다). 이 과정은 구어적 상황을 표시하는 경향이 있는 결합 과정보다 개량주의적이고, 혁명적이다.[4]

다른 경쟁적인 주장을 용납하지 못하고, **진리**의 유일한 원천이 되는 것은 다름 아니라 성스러운 책에 기반을 둔 종교입니다. 저를 괴롭히는 것이 글쓰기의 유산인데, 아스만은 그것을 주목할 것을 촉구하고 있습니다. 그의 주장을 부분적으로 정당화하기 위해 저 자신의 불만을 인용해보겠습니다. 아스만의 저서는 뒤죽박죽인 상태의 인간 역사 속에 명료함을 도입하지만 그럼에도 그것을 "정치적 소득을 기대하면서 극히 단순화된(상호 모순적인) 공약을 들고 길 잃은 사람들을 구해주며 당황해하는 사람들에게는 상황을 분명하게 해주겠다는 약속을 하는 정치가들"에 포함시킬 수는 없을 것입니다. 대신 아스만은 우리의 가정을 뒤흔들고 동요시킵니다. 폴란드어로 출간된 그의 유일한 저서를 읽었을 때 그러한 일이 일어났습니다. 그것은 문화적 기억을 다룬 책이었습니다. 《문화적 기억과 초창기 문명Cultural Memory and Early Civilization》에서 논하는 많은 주제 중 성스러운 것으로 간주되며 특정한 문명 지역을 지탱하고 있는 텍스트들이 정전으로 창조되는 것과 관련된 문제는 언급할 만한 가치가 있을 것입니다. 우리가 생각하는 바와 반대로 그것들의 시작은 충격적이었습니다. 예를 들어 유대인 신앙의 주요한 틀은 페르시아인들에게서 빌려온 것이었습니다. 지역적 전통의 발전을 방해한 것은 다름 아니라 제국의 정치였습니다. 중요한 것은 그러한 신앙을 이질적 요소인 정복된 민족들에게 도입하는 것이 아니라 그와 정반대였습니다. 페르시아아인들의 결정 덕분에 이집트와 다른 피정복민은 자신에 고유한 민족적 정체성을 발견했습니다. 그것은 다름 아니라 《히브리 토라》의 가장 중요한 책, 〈신명기〉의 출현으로 이어졌습니다. 이 책의 주요한 직관이 이후 많은 종교 전통의 패러다임이 되었습니다. 그러한 조절들에 대한 대가는 상당했습니다. "공적 삶을 탈정치화하는 과정은 일반적으로 페르시아 시대에 효력을 발휘하기 시작했다. 이집트와 바빌론에서는 문화의 성직자화가 이루어졌는데, 이 기간 동안 교회를 대표하는 역할은 필경사 사제들로 옮겨갔다. 이스라엘에서는 예언자들로부터 학자들로 옮겨갔다."[5]

종교의 성직자화는 종교의 세속화와 정체로 이어졌습니다. 기억이 사제들의 통제 속으로 넘어간 이집트에서도 마찬가지였으며, 종교의 예언적이고 해석학적 차원을 뒷받침하는 비판적 구성요소들을 포기하는 일이 모든 종교에서 일어나게 되었습니다. 예언자들은 정치 권력의 남용을 문제화함으로써 그것을 올바른 비율로 돌려놓을 수 있었으며 "글쓰기를 배운 사람들"은 다양한 해석학적 전략 덕분에 성스러운 텍스트들이 변화하는 문화적 맥락 속에 통합되어 들어갈 수 있었습니다. 우리는 의례화된 의식 대신 유연한 해석학을 발견할 수 있습니다. 그 일이 일어날 수 있었던 것은 전통들의 전수 기술에서 일어난 변화들 덕분이었습니다. 글쓰기가 구어적 전통을 대신함으로써 의례의 정체와 단절하는 것이 가능하게 되었습니다. "반복의 지배가 서서히 재현의 지배에 자리를 내주게 된 것, 의례가 텍스트적 일관성에 자리를 내주게 된 것은 전통들의 쓰여진 요소를 통해서였다. 이로부터 새로운 연결 구조가 출현하는데, 그것은 모방과 보존이 아니라 해석과 기억으로 이루어진다."[6]

이것들은 얀 아스만의 도발적 사상 중 일부에 불과합니다. 그것은 종교에 대한, 우리 문화에서의 종교의 존재에 대한 우리의 명상에도 의미가 없지 않다고 믿습니다. 구디와 아스만을 읽는 것 모두가 큰 이득이 되지만 그들의 진단이 저를 우울하게 하거나 글을 쓰거나 책을 읽는 것을 그만두게 하지 않습니다. 그와 정반대입니다. '글쓰기의 논리'와 '문화적 기억' 모두를 재구성하는 것은 저 자신의 글로 쓰여진 작업들을 창조하고 제 자신의 문화적, 종교적 기억, 무엇이라 특징지을 수 없는 기억을 성찰할 것을 고무합니다. 전자와 후자 모두 가벼운 갈등, 농민들의 가벼운 농담 속에 모습을 드러냅니다. 출발점이 중요하고 잘 알려져 있기 때문입니다. 그것은 항상 도착을 피하고 숨어 있지만 말입니다. 이것은 새로운 창조를 의미할까요, 끝없이 원을 이루어 빙빙 도는 것을 의미할까요?

우리 할아버지들은 이에 대해 뭐라고 할지 궁금하군요. 두 분은 다른 문화 출신이니까요. 두 분은 당신들이 '거대 서사'의 상속자라는 사실—리오타르가 그것의 상실을 애석해하는 '거대 서사' 말이죠—을 깨달았을까요, 우리 세대의 작은 이야기들에 만족했을까요? 당신들이 살던 시대에는 오늘날의 골칫거리인 문화적 코드들의 뒤섞임을 찾아볼 수 없었습니다. 사실은 나란히 존재하는 세계들은 별도로 존재하는 것이 아니라 어떻게든 함께 존재한다는 인식을 빼앗아갈까요? 제 의견에 동의해주신 대로 정보의 백색소음이 증가하는 결과, 고독과 소외로 인해 고통을 겪고 있습니다. 이것은 우리 할아버지들은 공동체 속에 우리보다 더 단단하게, 확고하게 뿌리내리고 있었음을 의미할까요? 역사의 폭풍우는 두 분 중 어느 분도 봐주지 않았습니다. 오히려 그것은 두 분 눈앞에서 당신들이 알던 세계를 휩쓸어가 버렸습니다. 저희는 둘 다 그것을 지켜보았습니다. 우리는 두 분께 질문을 해보려고 했습니다. 당시 할아버지의 독백을 들었을 뿐이며 대부분은 이해하지 못했습니다. 우리가 새로운 전통을 만들어내고 있는지 아니면—제게 아주 소중한 책의 제목에서 당신이 적절하게 표현하고 있는 대로—그것을 번역하고 있는지 확신하지 못하겠습니다. 저는 당신의 이 책을 필독서로 제 학생들에게 끊임없이 읽을 것을 권장하고 있습니다.[7]

바우만 제 의도를 알려드리겠습니다. 구어와 문어 사이의 관계에 대한 논쟁에서 데리다의 견해에 동조하고 있는데, 그는 언어의 뿌리와 생산적 에너지들을 말하기가 아니라 글쓰기에 위치시켰습니다. 당신도 글쓰기에 대해 그것의 많은 죄를 (올바르게) 상기시키면서 글쓰기가 없었더라도 "그것은 비슷할 수 있었으나 글쓰기는 그러한 정복과 종속의 실천을 단순화하고 인가했습니다"라고 지적하셨습니다. 글로 쓰여진 기록은 정통성의 가능성(따라서 경쟁적인 견해들로부터 지킬 수 있는 무엇인가)을 창조했습니다. 또한 이단과 분열, 일반적으로 '비판적 사고'라고 부르는 것이 활력을 찾도록 했습니다. 그것은 종교들의 역사가 복잡한 내부 사정을 갖게 된 데도 영향을 미쳤습니다. 글로 쓰여진 기록이 장로들의 손에서 천국의 열쇠를 빼앗아 읽고 쓰기의 기술을 아는 사람에게 건네주었습니다. 교회의 지배 계층에서 혁명이 일어났습니다. 그것이 루터를 가능하게 해주었습니다.

구텐베르크가 인쇄술을 발명한 후 40년 후에 태어난 루터는《성경》을 교회의 모든 성원에게 되돌려줄 것을 요구할 수 있었습니다. 신자들에게 그러한 텍스트들의 메시지에 부여된 미덕/특권을, 전에는 장로들에게만 주어졌던 권리/책임을 위탁할 수 있었습니다. 구텐베르크의 발명 후가 아니라 전에 태어났다면 루터는 그 생각을 떠올릴 수 없었을 것입니다. 한편으로 구텐베르크의 발명 이후 그러한 생각은 누구 머리에서 유래하든 관계없이 그렇게 되도록 운명 지어져 있었지만 말입니다. 당신이 반대하는 **책**의 교회들의 불관용은 글쓰기의 결점이 아니라 "아마추어의 철학하기"가 가능한 것에 대한 교회의 자기방어의 결점입니다. 비판적 정신을 가진 현명한 분이셨던 당신 할아버지의 경우 그러한 자기방어는 아주 효과적이었습니다! 당신 할아버지가 《성경》을 깊이 읽지 않았나 싶습니다. 성스러운 텍스트들에 담긴 메시지를 라틴어로 들었으며, 연단의 사제의 입술에서 흘러나오는 것을 이해할 수 있는 언어로 들었습니다. 진즈부르그Carlo Ginzburg가 이단 심문소의 비밀 문서고에서 발굴한 '치즈와 구더기(이것은 진즈부르그의 대표작의 제목이기도 하다)'[8] 이야기는 이웃들에게는 메노키오라고 알려진 도메니코 스칸델라가 이단 심문 시기에 용감하지만 다소 경솔하게 했던 식으로, 당신 할아버지가 종교 텍스트들의 정당성을 따져보려고 시도했다면 당신 할아버지를 기다리고 있었을 운명을 뚜렷이 보여준다고 생각합니다. 우리는 상당 부분 글쓰기의 유용성에 대한 평가에서는 의견이 일치한다는 생각입니다. 묵시론적 암시에도 "그들(구디와 아스만)의 진단들이 저를 우울하게 하거나 글을 쓰거나 책 읽는 것을 그만두게 하지 않는다. 그와 정반대"라고 말하기 때문입니다. 정말 그렇습니다.

당신의 질문—우리가 직면하고 있는 철학적 질문들을 이해하는 데서 그것은 너무나 중요합니다—과 관련해 제 할아버지와 당신 할아버지는 뭐라고 말할까요? 두 분 사이의 대화는 종교적 진리를 다투는 것과 관련된 핵심에는 가닿지 못하리라는 것을 지적하고 싶습니다. 두 분에게는 "문화적 코드들의 뒤섞임을 찾아볼 수 없었습니다. 그 사실은 나란히 존재하는 세계들은 별도로 존재하는 것이 아니라 어떻게든 함께 존재한다는 인식을 빼앗아" 때문입니다. 이것이 문제의 핵심입니다. '거대 서사'가 아니라 독특함에 대한 주장에서 분리와 배제가 사회적 실천에 의해 가시화되고 현실적인 것이 되는 것입니다.

적대성들은 그것들을 만들어낸 조건이 사라져도 살아남을 수 있습니다. 얼마나 오랫동안 그럴지는 모릅니다. 추측도 할 수 없습니다. 슈타이너George Steiner는 볼테르, 홀바흐의 자신만만한 확신을 두 사람의 무지의 특권으로 설명한 바 있습니다. 후일의 역사는 우리에게서 그러한 특권을 빼앗아갔지만요. 두 분의 할아버지가 신앙의 강고한 믿음, 그에 대한 교회 성직자들의 해석(두 분께 도달할 수 있던 유일한 메시지)에 겸양을 보여줄 수 있던 것 또한 특권 덕분입니다. 우리는 누구도 그러한 확신을 가질 수 없다는 것을 알기 때문에 핸디캡을 갖게 되었습니다.

최근 저서에서[9] 벡은 동시대인들의 일상적 경험에서 유래하는 지식의 윤곽을 설명합니다.

상이한 종교들이 점점 더 직접적으로 접촉하고 있다. 무슬림, 유대인, 기독교도들이 동일한 장소에서 기도하고 있다. 수많은 신자가 낯선 땅들에 흩어져 있듯이 그들의 한 분의 참된 신들도 지구 전역에 퍼져 있다. 어떤 경쟁자도 용납하지 않는 세계의 주인들인 그들은 제한된 공간에서 함께 사는 방법을 배워야 한다. 지리적 인접성과 사회적 거리의 동시성의 폭발력은 서로 분리하려는 모든 시도가 무위로 돌아간 지금에서야 감지되고 있다. …… 여기서 우리가 경험하는 것은 세계 종교들이 상호 맞물리면서 적대성이 커져가는 것이다. …… 종교적 타자가 모시는 한 분의 배제적 하느님이 더 이상 다른 곳이 아니라 우리 한가운데 존재하는 것이다.

요약해보죠. 서로 경쟁하는 유일신론들은 불가피하게 공유하는 세계의 어찌할 수 없는 다신론과 화해하는 수밖에, 그로부터 나오는 명백한 결론을 조금씩 모아들이는 수밖에 다른 선택의 여지가 없습니다.

바로 여기에 문제가 있습니다. 어떤 결론들을 말입니까? 우리는 우리의 할아버지보다 그것들을 이해하는 데 더 가까워졌을까요? 벡은 경고합니다. "삶의 조건과 세계 경험의 코스모폴리탄화가 반드시 코스모폴리탄적 의식이나 정신 자세를 낳는 것은 아니다. 충격이 항상 세계의 열려 있음에 대해 사람들의 눈을 열어주는 것은 아니다."[10] 상이한 집단들의 보편주의적 요구들을 다 들어주려다가는 갈등을 조장하고 폭력을 초래할 수 있습니다. 모든 교차로에서 신호들은 한 방향 이상을 가리킵니다.

오비렉 당신이 언급한 진즈부르그의 저서의 주인공의 모험은, 바우만 선생님, 독특하지 않았습니다. 가톨릭교회가 이단적 경향을 다루는 방식도 마찬가지입니다. 스칸델라(《치즈와 구더기》의 주인공) 사건이 있은 지 100년이 지난 후 브루노가 화형에 처해졌습니다. 캄포 디 피오리에 모인 대중들은 그에 환호했습니다. 제가 알기로 바티칸의 문서고를 개방해야 한다는 진즈부르그의 주장은 끊임없이 관료주의적 장애물들에 부딪히고 있는데, 이단 심문소의 통제 관행에 대한 지식이 아직 불완전하게 남아 있는 것은 이 때문입니다. 비대중적 견해를 유포하는 자들의 입을 다물게 하거나 기둥에 묶어 화형에 처하는 것은 정복당한 사람의 마음을 통제하기 위한 한 가지 방법에 불과합니다(실제로 그와 비슷한 짓이 전체주의나 권위주의 정권뿐만 아니라 다른 20세기 교회들에 의해 자행되었습니다). 그린블랫Stephen Greenblat(1943~, 하버드 대학교 인문대학 존 코건 대학의 교수로 재직하고 있으며, 미국 근대문학연구회의 회장직을 역임했다. 그는 신역사주의의 주창자이자 세련된 실천자로서 현대 문학 연구에 현저한 영향을 끼쳤다.《1417년, 근대의 탄생》으로 전미도서상과 퓰리처상을 받았다)은 최근 또 다른 방식을 지적하면서 루크레티우스의 시《사물의 본성에 대하여》가 어떻게 기억되고 망각되었는지를, 특히 역사의 이 에피소드의 주인공인 브라치올리니Poggio Bracciolini가 어떤 기여를 했는지를 대가다운 솜씨로 재구성해 보여준 바 있습니다.[11] 이것들은 아주 유익한 사건들이며 당신과 데리다가 공유하는 확신의 지혜를 구체적으로 보여줍니다. 즉 글쓰기는 "언어의 뿌리와 생산적 에너지들"을 포함하고 있다는 것이죠. 그것은 발화/대화 없이 그러한 기능을 할 수 있는지에 대한 질문을 제기합니다. 만약 브라치올리니의 피렌체 멘토들이 수도원의 필사실에서 먼지만 쌓여가던 고대 저자들의 수고를 찾아내려는 열정을 불어넣어주지 않았다면 루크레티우스의 이 저작은 빛을 보지 못했을 것입니다. 이 책이 조상들의 관점을 바꾸는 역할을 할 수 없었을 것입니다. 이 일의 전모를 밝히기 위해 덧붙이자면, 고대 그리스와 로마를 사랑한 이 휴머니스트는 8년이라는 기간 동안 교황들의 비서로 일했는데, 교황이라는 지위가 큰 위세를 떨치던 때가 아니었습니다. 우리는 그린블랫의 책에서 나오는 이미지를 르클레르크Jean Leclerq의 매혹적인 연구서로 보충해야 할 것입니다. 그는 베네딕트회 수도원들에서 수세기 동안 하느님에 대한 사랑과 나란히 문학에 대한 사랑이 존재해왔음을 보여주니까요. 그것들이 없었다면《사물의 본성에 대하여》와 그 밖의 다른 이교적 '논고들'은 전해지지 않았을 것입니다.[12]

저는 '구어적인 것'과 '문어적인 것'의 딜레마들을 쇼샤나와 논의했는데, 그의 견해를 아주 높이 평가합니다. 쇼샤나는 정곡을 찌르는 질문을 했습니다. 왜 대안을 만들려고 하는가? 글쓰기가 되었든 말하기가 되었든 말이죠. 전자뿐만 아니라 후자 또한 중요하며, 만약 무엇인가에 대해 골머리를 짜내야 한다면 이 둘을 어떻게 이용해야 하는가가 대상이 되어야 합니다. 그녀는 히틀러의 《나의 투쟁》을 언급했습니다. 오싹한 기분, 파괴력에 대한 생각 없이는 이 책의 제목과 저자를 입 밖에 낼 수 없을 것입니다. 이 책의 독자와 그러한 공포와 파괴의 힘이 미칠수 있는 범위 안에 있는 사람 모두에게 말이죠. 히틀러가 기록한 페이지들의 파괴적 차원은 이 책을 쓰거나 출판할 때가 아니라 저자가 자신의 신념과 세계관을 공표하고, 나치 독일이 정복한 나라들에서 그것을 라디오로 청취하는 사람이 급증할 때분명해졌습니다. 이 끔찍한 텍스트는 말, 그리고 '민주주의적으로' 선출되어 그것을 지탱한 구조들에 의해 생명을 부여받은 셈이 되었습니다. 그것은 한 번 자세히 따져볼 만하며, 우리가 글쓰기와 말하기를 검토한다는 말이 무슨 의미인지를 분명히 할만한 가치가 있습니다.

세계의 유일신론들이 처한 새로운 상황과 관련해 당신이 언급한 벡의 최근 성찰에 큰 충격을 받았습니다. 그는 저와 아주가깝습니다. 그의 결론에 동의하지 않을 방법이 없을 것입니다. "서로 경쟁하는 유일신론들은 불가피하게 공유하고 있는 세계의 어찌할 수 없는 다신론과 화해하는 수밖에 없습니다." 하지만 그 화해가 이루어지고 있다는 신호는 전혀 찾아볼 수 없습니다. 그와 정반대입니다. 사방에서 들려오는 것이라곤 (대부분 이데올로기적 종류의) 무기류의 교체뿐입니다. 지금까지 그것들이 잠잠해지고 있다는 어떠한 신호도 또 그것을 위한 자원도 찾아볼 수 없습니다. 저는 벡의 경고에 동의하며 이 말을 반복하고 싶습니다. "삶의 조건과 세계 경험의 코스모폴리탄화가 반드시 코스모폴리탄적 의식이나 정신 자세를 낳는 것은 아니다. 충격이 항상 세계의 열려 있음에 대해 사람들의 눈을 열어주는 것은 아니다." 그의 신중한 정식화를 한층 더 분명하게 해, 그것은 결코 열어준 적이 없다고 덧붙이고 싶습니다. 그와 정반대로 그것들은 쇼비니스트들과 근본주의적 선동가들을 부채질할 뿐입니다. 당신이 언급한 폭력은 가능성이 아니라 사실이며, 바르샤바의 거리들에서도 쉽게 찾아볼 수 있습니다. 그러한 흐름을 뒤집을 수는 없을까요? 모르겠습니다. 그리고 점쟁이 흉내를 내고 싶지도 않습니다. 자기보호를 위한 반사 작용이 일어나는 것을 감지할 수 있는데, 불행히도 종교 제도내에서는 아닙니다. 그 움직임은 공포로 저를 가득 채우며 노골적인 두려움을 불러일으킵니다.

제가 그러한 두려움을 공유할 때마다 쇼샤나는 묻습니다. "만약 당신이 종교 속에서 악의 씨앗을 간파한다면, 그것이 구원이 될 수 있으리라고 기대하지 않는다면, 도대체 무엇을 믿을 수 있다는 것이죠?" 그녀에게 문제들은 분명합니다. 그녀는 믿지 않는 재주를 타고났으며, 환상에 시달리지 않습니다. "그러면 저는요?" 그녀가 질문했을 때 저는 수줍어하며 나는 하느님의 섭리를 믿으며 그것이 그녀를 만나도록 해주었으며, 이러한 함께함이, 이 세상에서 살 수 있는 가능성에 대한 믿음이 우리 두 사람이 함께 받은 은총의 형태라고 대답해보려고 했습니다. 우리는 안장에서 완전히 떨어진 것은 아닐지 모릅니다. 우리는 세상을 물려받았을 뿐만 아니라 그것을 소유하고 있으며 변화시킬 수도 있습니다. 만약 변화시킬 수 없다면 적어도 이 세상이 인간의 세상일 수 있도록 노력할 수 있습니다.

바우만 이 모든 것을 너무나 멋지게 깔끔하게 정리해서 보여주셨습니다, 오비렉 선생님. 이 모든 것을 겪고 느끼기도 하셨죠. 누구보다 더 훌륭한 방식으로 말이죠. 저는 바로 거기에—당신처럼 삶과 세계를 경험하고, 당신처럼 자신의 경험을 이해하고 그것을 다른 사람들과 나눌 수 있다는 증거 속에—우리와 세계의 구원 가능성이 놓여 있다고 생각합니다. 당신은 아무리 소름이 끼쳐도 그것이 세계의 열려 있음에 대해 눈을 뜨게 해주는 것은 **결코** 아니라는 주장으로 벡의 명제를 선명하게 한 바 있는데, 이것은 또한 당신의 그러한 주장에 강력하게 반대하는 주장이 될 수도 있지요. 그것은 눈을 활짝 열어줍니다, 그것도 비록 같은 이유로 눈을 감도록 유혹하지만 말입니다. 눈을 닫는 사람은 세상의 상태에 대한, 이 세상 속에 사는 사람들의 행복에 대한 책임을 직시하지 않으려고 할 것입니다. 그러한 부담은 알 바가 아니라는 거죠. 그러한 고민에 대해 신경 쓸 필요는 전혀 없는 것입니다.

우리는 이 세계를 소유하고 있으며, 이 세계의 작은 부분을 변화시킬 수 있다는 당신의 지적은 정확합니다(칭찬받을 만하지요). 우리의 세계가 여전히 만들어지고 있는 점을 고려할 때, 이 세계의 창조 행위가 끝나지 않았으며, 창조를 계속해서 끝내는 과제가 (이전 대화를 떠올리자면) 우리에게 떨어져온 것을 고려할 때 이 세계의 행복을 돌보고 세계의 선과 미를 보살피는 것이 당연합니다. 책임 있는 주인이라면 누구나 그러해야 할 것입니다. 다시 한 번 카뮈의 신조를 반복해보겠습니다. '아름다움이 존재한다. 그리고 모욕당한 사람들이 존재한다. 하느님은 내가 전자나 후자에 불성실한 것을 결코 허용하지 않았다.'[13]

요한 바오로 2세는 병석에 누워 죽음에 다가가고 있을 때도 탐욕과 원한, 증오와 무감각에 의해 잠식되고 있는 우리 세계를 향해 "하느님은 사랑입니다"라는 말씀을 선포하기를 결코 멈추지 않았습니다. 당신과 저, 동시대의 많은 사람들은 그러한 하느님을 즐겁게 받아들일 것입니다. 그러한 하느님을 포기하기는 어려울 것입니다. 아니 불가능할 것입니다. 인간성도 함께 버릴 생각이 아니라면 말이죠.

오비렉 바우만 선생님, 언급하신 카뮈의 신조가 저를 너무나 크게 감동시켰다는 점을 고백해야겠군요. 다시 한 번 이를 반복하고 싶습니다. 그것을 음미하기 위해서 말이죠. "아름다움이 존재한다. 모욕당한 사람들이 존재한다. 하느님은 내가 전자나 후자에 불성실한 것을 결코 허용하지 않았다." 그것은 지난 며칠 동안 제가 읽어오고 있는 것의 맥락에서 큰 울림을 갖습니다. 다 읽을 때까지 손에서 내려놓을 수 없다는 점도 함께 말씀드려야겠지요. 당신의 최신작인 《이것은 일기가 아니다》가 그것입니다. 2010년 9월 3일자로 되어 있는 첫 번째 항목부터 이미 감동적입니다. 당신의 아내 자니나의 작고 후에 당신이 느끼는 외로움, 그처럼 고통스러운 고독의 상태를 극복하려는 당신의 노력에 대한 내용입니다. 당신의 글 중 제게는 핵심적인 몇몇 단편을 떠올려보아도 나쁘게 생각하지는 않으실 거라고 믿습니다. 제게 그것들은 인간의 조건에 대한 상호간의 성찰의 연장 또는 확대처럼 보였습니다. 당신의 성찰들의 맥락 또한 중요합니다. 저로 하여금 감히 당신의 '일기가 아닌 글'에 끼어들어 한마디 할 수 있도록 해주는 두 번째 논거는 제 자신이 잠깐이나마 그리고 단편적으로 자니나와 알고 지냈다는 것입니다. 그것은 그녀의 책들을 읽으며 깊어졌는데, 그녀의 책은 《현대성과 홀로코스트》의 집필에 중요한 역할을 한 것으로 알고 있습니다. 따라서 이 첫 번째 단편을 떠올려보겠습니다.

혼자 있는 것은 좋아하지만 외로움은 혐오한다. (2009년에 아내인) 자니나가 떠난 뒤 나는 끝까지 어두운 외로움을 느꼈다. 이렇게 쌓인 감정들은 고통스럽고 날카로우며 지독한 악취가 나는 독과 같다. 컴퓨터를 켜자마자 바탕화면에 있는 자니나의 사진을 볼 수 있기 때문에 워드프로그램을 열어 글쓰기를 시작하는 것은 내게서 자니나와 '대화를 나누는 것'과 같다. 이런 대화는 나를 외롭지 않게 만든다(이택광·박성훈 옮김, 12~13쪽).[14]

당신은 대화를 새로운 방식으로 규정하고 있습니다. 즉 외로움을 극복하는 방식으로 말이죠. 그것이 아주 맘에 듭니다. 그것은 자신 안에 다른 모든 것을 포함하고 있을 것입니다.

　세속화는 권력 투쟁이 또 다른 방식으로 구현된 것으로 실제로 승자는 없으며 오직 패자만 있을 뿐이라는 당신의 분석도 아주 마음에 듭니다. 이 싸움 자체는 터무니없습니다. 사태의 본질을 놓치고 있기 때문입니다. 제 생각으로 그것은 믿기 어려울 정도로 풍부한 현실에 직면해 기꺼이 자신의 무기력함을 인정하는 데 달려 있습니다. '하느님을 믿지 않는 세태'에 맞서는 무기로 간주되는 공공연한 종교성도 또 그것과의 용납 불가능한 투쟁도 일고의 가치가 없습니다. 그것들에 의해 가동되는 메커니즘들은 인간성에 적대적으로, 타인의 노예화로 이어집니다. 이 문제를 이런 식으로 틀 짓는 것은 종교사회학의 지배적인 관점들과는 너무나 달라 다시 한 번 당신 말을 인용하는 것을 허락해주시기 바랍니다. 그것이 문제를 얼마나 솜씨 좋게 정식화하는지를 다시 한 번 살펴보기 위해서 말이죠. "현대 사회의 '세속화'의 진정한 본질은 권력 다툼이다. 이 권력 다툼의 목적은 서로 경쟁하는 수많은 정당한 공식 중에서 하나를 선택해 그 공식의 결과에 대한 진실의 가치를 주장하고 그에 반하는 다른 주장을 박탈할 수 있는 권리를 갖는 것이다."[15] 이 맥락에서 당신은 지금은 잊혀지고만 플레그Ludwig Fleck을 언급합니다. 쿤Thomas Kuhn 본인은 이 폴란드 사상가에게 진 빚을 인정하지만 폴란드에서도 우리는 패러다임의 변동하면 '쿤이 논한 것'으로 말하고 있습니다. 그것은 틀렸습니다. 플레그가 그러한 변동에 대해 일찍 말했으며, 지적 아이디어들의 등장에 대한 견해를 한층 정확하게 정식화했습니다. 바우만 선생님, 당신은 플레그의 사상을 과학과 신앙 사이의 (외견상의) 갈등과 관련된 중요한 문제로 보충하면서 우리가 받아들일 만한 진리를 제공한다는 점을 상기시키고 있습니다. 저는 그러한 점은 아무리 상기시켜도 지나침이 없을 것이라고 믿습니다. 소위 '적들'과 상상의 적들을 위해 쓸데없이 날카롭게 벼린 칼을 무디게 하기 위해서만이라도 말이죠. 2010년 10월 17일자 일기에서 '신앙의 딜레마들'이라는 주제를 다루는 글을 끝맺으면서 하는 당신의 말은 얼마나 현명한지요.

말할 수 있는 유일한 권리를 갖기 위해 필요한 모든 대안적 자격에 대해 과학이 선험적으로 편협한 태도를 보이는 것은 과학이 결국 유일신교의 세속적 확장임을 보여준다. 이는 신이 없는 유일신교인 셈이다. 지식과 믿음은 모두 예루살렘의 정신으로부터 영향을 받은 것이며 이 둘은 모두 예측할 수 없는 아고라에 진실을 남겨둔 아테네의 무자비함을 길들이고 제한하고 확인하며 억누를 필요가 있다는 것에 동의한다(91~92쪽).[16]

중단은 일어날까요? 예견하기는 힘들지만 재앙을 초래하는 경쟁의 모든 결과는 효율적인 인센티브를 만들어내는 것처럼 보입니다. 적어도 바리케이드 양쪽의 사상가들에게는 말입니다.

당신은 자니나의 작고에 따라 드리워진 그림자들을 따라 당신의 생각들을 추적하고 있습니다, 바우만 선생님. 하지만 2010년 12월 29일에 1주년을 기리는 글을 읽다가 당신의 생각들은 그녀의 빛의 현존의 궤적들이라고 쓰고 싶었습니다. 당신은 엘리너 루즈벨트의 말을 상기시켰습니다. "누구도 당신의 동의 없이 당신이 열등하다고 느끼도록 만들 수 없다." 이렇게 덧붙였습니다. "마치 자니나에 관한 이야기를 읽고 잊는 듯한 느낌을 받는다. 그녀의 삶의 논리를 설명하기 위해 그리고 그녀의 믿음의 본질을, 그녀의 존재 방식의 본질을 전달하기 위해 말한 이야기를 말이다."[17] 그것은 기적일 것입니다. 이에 대해 당신은 다른 곳에서 쓰고 계시지요. 우리가 바라볼 수 있는 곳에서 일어나는 또는 우리가 받아들일 준비가 되어 있을 때 일어나는 기적이 그것입니다. 당신이 묘사하는 것과 같은 종류의 현존은 작고한 사람들 가운데서 계속 살아가는 것을 가능하게 해줍니다. 그들은 영원히 떠난 것이 아닙니다. 그들은 말 그대로 여기 있습니다. 그들은 그들 눈을 통해 세계를 보는 것을 허용해주며, 이런 식으로 변화를 가능하게 해줍니다. 변화를 한층 덜 위협적으로 것으로, 덜 공허한 것으로 만들어줍니다.

당신의 '일기가 아닌 글'이 독자들에게 경고를 피하도록 해주지 않는 것이 중요해 보입니다. 미래에 대한 관심과 걱정을 환기시키는 항목들(특히 잠시 숨을 고르고 정치 지도자나 경제계의 구루들의 실루엣을 스케치하는 단편들이 그렇습니다)이 그것입니다. 자니온Maria Janion의 환상적인 저서 《유럽에게 예스라고, 우리의 고인들과 함께 그렇게 하자Do Europy — tak, ale razem z naszymi umarłymi》를 따라하자면, 고인과 함께 살펴본다면 그것들은 덜 위협적일 것입니다. 그것들은 길들여지고, 동화되어 우리 것처럼 될 것입니다. 당신이 여담처럼, 별 생각 없이 언급한 규정을 한 가지 더 떠올리는 것을 허락해주시기 바랍니다. 저는 지구화와 지역화에 대한 강의를 하고 있는데, 이 과정에서 날마다 우리를 불안하게 만드는 이 경향을 규정해보려고 시도하고 있습니다. 저는 당신의 메타포들을 사용하고 있는데, 그것들은 폴란드어로 아무 문제없이 안착했습니다. 다국적기업들에 의해 침식되는 지구의 초지처럼 우리는 도처에서 두 팔을 활짝 벌리고 여행자들을 환영하는 모습과 함께 단기 체류자들을 적극적으로 내쫓는 모습을 볼 수 있습니다. 이러한 레퍼토리에 저는 결혼관계라는 프리즘을 통해본 글로컬리제이션을 덧붙이고 싶습니다. 이 메타포는 로버트슨Roland Robertson이 연구한 일본 기술자들의 적응 기술보다 상상력에 대해 훨씬 더 많은 것을 말해줍니다. 실제로 '성숙에 이른 글로컬리제이션'이라는 제목으로 2011년 2월 2일자에 쓴 것으로 되어 있는 이 항목 전체를 인용하고 싶지만 다음의 문장으로 당신 입장을 정식화하겠습니다.

글로컬리제이션은 대다수의 결혼한 커플이 잘 알 수밖에 없는 모든 소음과 분노에도 별거나 심지어 이혼이 현실적이고 바람직한 선택이 아니기에 참을 수 있는 공존 방식을 협상하도록 강제된 결혼 관계에 주어진 이름이다. 글로컬리제이션는 애증 관계이며 매혹과 혐오를 뒤섞는다. 말하자면 근접성을 원하는 사랑이 거리를 바라는 증오와 뒤섞인 것이다[275~276쪽].[18]

당신은 이렇게 덧붙입니다. 글로컬리제이션은 애증의 덫Hassliebe과 같은 유형의 관계를 가리키는 이름입니다. 끌리는 것과 혐오하는 것이 뒤섞이는 것이죠. 가까워지기를 갈망하는 사랑과 질색하며 거리에 대해 온갖 공상을 하는 것이 그것입니다. 만약 교사들이―여러 권으로 된 로버트슨의 인상적인《지구화 백과사전》을 포함해―지구화를 대상으로 쓰여진 두꺼운 책을 연구한 후에도 여전히 이 개념을, 특히 그것이 지역적 문제들과 맺는 관계를 이해하는 데 여전히 어려움을 겪고 있다면 점점 더 이해를 피해나가는 세계를 이해하는 데 큰 도움이 될 것입니다.

우리는 함께할 때 세계를 더 잘 이해하고 세계를 다룰 수 있는 능력도 커질 수 있습니다. 대화는 외로움의 경계를 넘어설 수 있도록 해주기 때문입니다. 당신이 신문을 읽고, 세계의 다양한 부분에서 보내오는 질문에 대답할 수 있으며, 항상 새로운 텍스트들을 읽고 현실에 대한 정확한 진단들을 발견할 수 있기 때문에 저는 대안이 존재한다고 믿습니다.

바우만 음 그래요, 두 개의 신앙이지요. 상호 배타적으로 진리에 대한 독점권을 주장하는 체계지요. 두 개의 유일신론, 다른 쪽이 먼저 머리를 숙이고 항복할 것이라는 희망 하에 뿔로 드잡이 하는 두 마리의 수사슴이라고 할 수 있습니다. 이렇게 말할 수 있다면, 저 유명한 미국의 대결 중의 하나를 또 다른 예로 들 수 있을 텐데, 정면충돌을 향해 내달리던 두 운전자 중 먼저 겁을 집어먹고 상대방의 진로에서 벗어나는 쪽이 패자가 되는 것입니위대한 철학자인 보드진스키Cezary Wodziński가 수사슴의 본능을 갖지 않거나 미국의 대결에 참여할 관심이 없는 무수한 사람들에게 도움이 될 것입니다. 그는 《일반 주간Tygodnik Powszechny》 48호에 〈추가로Poza〉라는 제목으로 실린 글에서 '무신론자'와 '반-무신론자'로 나뉜 세계에 대해 짧고, 겉으로는 코믹하지만 실제로는 몹시 진지하게 논한 바 있습니다. "나는 전자가 후자 없이 살아남을 수 있으리라고는 믿지 않는다. 그리고 아마 그것 이상일 것이다. 양 쪽이 모두 자기에 대해서만 관심을 갖고 있다고도 믿지 않는다.—이 대립은 두 반대자를 한 위치에서 열정적으로 포옹하도록 하는 것과 구분 불가능하다."[19] 보드진스키는 가망 없는 드잡이 싸움에서 몸 둘 곳이 없거나 그러한 싸움에 가담하고 싶은 마음이 없는 사람들에게 간청하고 있습니다. 그러한 사람들은 많습니다. 아주 많지는 않지만 말입니다. 여러 연구는 대부분 믿음 없는 삶을 받아들이는 것의 어려움을, 심지어 그것을 실천하는 것의 어려움을 보여줍니다. 유일신론의 두 변종, 즉 '과학적' 유일신론과 '유신론적' 유일신론이 승리하리라는 희망을 끌어내 적대 행위를 계속하리라는 결심을 굳히는 것은 그러한 사태로부터입니다. 그에 따른 유일한 결과란 갈등을 종식시킬 기회들이 점점 더 멀어져간다는 것뿐입니다. 이 갈등은 헛된 만큼 피할 수 없는 것처럼 보입니다. 철학자들이 말하는 진리와 세계-내-존재의 진리는 전혀 다릅니다. 그것은 자신의 역설을 제거할 수 없으며, 논리학자들의 가르침에 귀를 기울이지 않으며, 대체로 치유 불가능합니다.

앞서 말할 것을 반복해보겠습니다. 만약 하느님이 죽는다면 오직 인류와 함께일 것입니다. 그러한 예측은 인간이 완벽함과 진리에 대한 독점을 주장하는 믿음에 매료되는 것은 불멸이라는 사실에 기반을 두고 있습니다. 당신이 언급한 "세계를 더 잘 이해하고 세계를 다룰 수 있는 능력도 늘어날 수 있는 길"은 인간의 조건의 이중성에 대한 이해를 요구합니다. 그것이 보편적으로는 두말할 필요도 없고 널리 받아들여질 것으로 예정되어 있다는 신호가 하늘이나 땅 위에 그리 많지 않지만 말입니다.

오비렉 그렇습니다. 당신이 언급한 보드진스키의 텍스트는 좀 더 면밀하고 깊이 살펴볼 만한 가치가 있습니다. 비록 〈추가로〉의 저자는 말과 생각을 분리시키는 방식—이것은 외견상의 현실을 그대로 받아들이는 것을 노골적으로 꺼리는 태도와 관련되어 있습니다—에서 아테네인들에게 빚을 지고 있음을 인정하지만, 저는 그가 아테네인들을 넘어선 것에서 영감을 얻고 있음을 간파할 수 있습니다. 심지어 극동에서도 영감을 얻고 있는 것처럼 보입니다. 그것에 대해서는 직접 그에게 물어봐야 할 것입니다. 지난 몇몇 동안 제 자신이 겪은 경험을 이야기하고 싶은데, 그것이 당신이 묘사한 뿔로 드잡이 하는 두 마리 수사슴

처지가 되는 것을 피하거나 그것을 헤쳐 나갈 수 있는 가능성을 재고해줄 것입니다.

지난 몇 년 동안 바르샤바 대학교의 동양연구소의 교수들 및 학생들이 여는 세미나에 참석했습니다. 이 강의와 토론들이 좀 더 많은 대중에게 접근 불가능한 것이 유감입니다. 그 강의는 제게 그것들은 지적·정신적 치유 형태로, 인간 역사의 몇몇 매듭을 풀 수 있도록 해줍니다. 그것들 중 일부는 고르디오스의 매듭처럼 보입니다. 근본적으로 잘라내야 비로소 풀 수 있습니다. 다른 한편 온갖 종류의 언어로 쓰여진 텍스트들(농담 삼아 우리 모임을 바벨의 저주를 뒤집는 것으로 부르고 있습니다. 여기서는 어떤 언어도 이해에 장애가 되지 않기 때문입니다)에 대한 성찰은 그것들 사이의 놀라운 친화성을 보여줍니다. 텍스트들이, 특히 성스러운 것으로 간주되며 우리 문화와 종교를 너무나 지배해온 텍스트들이 결합시키는지를 볼 수 있는 것은 놀랍기 짝이 없습니다. 상보적이고 계몽적이며, 각 글의 설명은 정치적 지지나 강요된 지지를 요구하지 않기 때문입니다. 걱정하지 마십시오, 바우만 선생님, 무수히 많은 텍스트에 대한 기억으로 이 모임들을 평가하거나 당신을 괴롭히지는 않을 테니 말이죠. 그럼에도 뿔로 드잡이 하는 두 마리 수사슴이라는 이미지에 자극받아 그것들 중 가장 최근의 것을 언급해볼 텐데, 시간이 흐르면서 등장한 역사적 분리들에 대해 대안적 관점을 택한 바 있습니다. 이 모임의 참석자들의 목소리와 의도를 제가 정확히 이해하고 있는 한 (상호) 이해는 가능할 뿐만 아니라 필수적인데, 분석된 텍스트들에 비추어보아 이 점을 분명합니다. 중요한 것은 그러한 분리를 '넘어선' 또는 '초월한' 이해가 아니라 그러한 분리 내에서의 이해입니다. 주요 연사인 중국학자 슬룹스키 Zbigniew Słupski(1934~, 폴란드의 저명한 중국학자)의 출발점은 현재 힌두교와 불교라는 두 종교 전통을 연구하는 폴란드의 가장 위대한 학자 중의 하나인 비르스키 Maria Krzysztof Byrski(1937~ 폴란드의 저명한 동양학자. 인도대사를 역임한 바 있다)의 텍스트(같은 무리의 모임에서 몇 달 전에 발표한 논문이었습니다)로 〈존재의 의미에 대한 다면적 고찰: 바라타와 아브라함의 정신적 유산〉이라는 제목을 갖고 있었지만 추론 방식은 공자의 가르침에 기반을 두고 있습니다. 이 강연에서 비르스키는 도그마적 사유를 포기할 것을 요구했으며 절충주의와 종교적 융합주의를 찬양했습니다. 그는 바라타의 신자들과 아브라함에게서 유래하는 종교들(유대교, 기독교, 이슬람)의 지지자들에서 추종자를 발견했습니다. 예를 들어 《베다》는 《성경》이나 《코란》과 함께 만약 진지하게 그리고 저자들의 생각에 맞추어 읽는다면 서로 경쟁하는 것이 아니라 상보적이게 됩니다. 비르스키는 힌두교와 기독교의 연관성(세계의 창조에 대한 유사한 생각, 희생은 구원적 성격을 갖고 있다는 생각이 다른 여러 개념과 강력하게 연관되어 있는 것 등)에 대해 너무나 깊이 확신하기 때문에 (연대기적으로 기독교에 선행하는) 힌두교를 역사에서 신성이 보다 일찍이 육화된 종교로 보는 것을 전혀 앞뒤가 맞지 않는 이야기라고 여기지 않습니다. 이로부터 기독교에 너무나 중요한 예수의 신비로운 몸에 대한 신앙은 모든 인류에게까지 확대될 수 있다는 간단한 결론이 나옵니다. 많은 기독교도들에게는(하지만 아마 힌두교도들에게는 그렇지 않을 것입니다) 너무나 충격적인 이 결론에 대한 기본적인 정당화는 이 두 종교가 공유하는 생각에서 찾을 수 있는데, 하느님의 희생이라는 이념이 그것입니다.

뿔로 드잡이하면서 전면전을 벌이는 적수들(보렉카 숲의 삼림 감독관들이 만든 영화에서 수사슴들 사이에 그러한 종류의 싸움이 벌어지는 것을 본 적이 있습니다. 한 마리가 죽고, 살아남은 한 마리도 다른 수사슴에게서 뿔을 풀 수 없었습니다. 삼림 감독관의 도움 덕분에 겨우 적수와 동일한 운명을 공유하는 데서 벗어날 수 있었습니다)에 대한 진정한 대안은 제 생각으로는 공자의 견해 속에서 발견할 수 있습니다. 슬룹스키 교수의 강연들에서 적어도 유교적 전통은 세계관이나 종교관에서의 모든 분열에 대한 평화로운 승리를 가능하게 해줍니다. 이 중국의 현자에게 관심을 가질 만한 가치가 있는 것은 존재 자체입니다. 그는 그것의 의미에 대한 논쟁은 아무래도 상관없는 것으로, 존재의 신성에 대한 논쟁과 비슷한 것으로 간주합니다. 그는 사랑이나 선 등 다양한 종교에 핵심적인 생각들을 피하지 않으며 오히려 그것들은 그로 하여금 다른 사람과 긍정적인 관계를 맺을 수 있도록 해줍니다. 이런 식으로 이해된 사랑의 토대는 연민과 이해 그리고 동정입니다. 그것은 다른 사람과의 정직한 관계, 신뢰성, 주어진 상황에 가장 적합한 행동의 선택에서 구체적으로 드러납니다. 예를 들어 공자에게서 초월은 중요하지 않으며 사람들에게 접근 가능한 것이 중요합니다. 우리가 하는 행동의 결과들을 지금 그리고 이곳에서 경험하는 것이 그것입니다. 슬룹스키의 견해에 따르면 초월이라는 주제에 대해 공자가 침묵하고 종교를 엄격하게 사적인 일로 다루는 것의 원천은 그러한 세계관 속에서 찾아야 합니다. 지혜의 원천이 어떤 신성이 아니라 다른 사람이 되는 것은 놀랄 일이 아닙니다. 이러한 의미에서 중국의 현자는 자신에게 비밀스럽게 전달된 지혜를 전해준 것이 아니라 그것을 쇄신해 현실 속의 사람들과의 구체적 접촉을 통해 전해주었습니다.

신앙과 종교에 대한 이러한 견해는 현대적인 특징을 갖는 것처럼 보입니다. 그것은 개인화되어 있으며 모든 사람의 경험으로부터 유래하기 때문입니다. 다양하고 또 비교가 불가능합니다. 저는 개인적으로 '개인적 하느님'이라는 벡의 개념과 이것이 모종의 연관성을 가진 것으로 봅니다. 공자는 유신론과 무신론 사이의 상호 연관성을 새로운 방식으로 바라보는 것을 허용해줍니다. 그는 그러한 관점이 가진 적대적 날을 잘라버립니다. 그것은 우리가 무엇을 넘어설 수 있도록 해줄까요? 저는 그렇게 생각하지 않습니다. 그것은 우리를 존재의 한가운데 놓아줍니다. 이 생각들은 '바벨탑'의 최근 모임에서 영감을 얻은 것이었습니다. 다른 모임들 또한 흥미롭기는 마찬가지입니다. 현재 폴란드에서는 학교에서의 종교 그리고 학과목으로서의 지위에 대해 많은 논의가 이루어지고 있습니다. 그처럼 포괄적인 관점에서 가르쳐진다면 종교는 마투라〔폴란드의 고등학생들이 치르는 등급 시험〕에 포함될 수도 있을 것입니다. 더 많은 학생이 많은 동양학 학부 중의 하나에서 학업을 계속하기로 결심할 수도 있을 것입니다. 종교는 원시적 교리문답—그것은 실제로는 사람들에게 겁을 주어 종교 밖으로 내쫓고 있습니다—과 결부되지 않을 것입니다.

그러한 모임들만 무신론과 유신론의 만남에 대해 새로운 관점을 가능하게 해주는 것이 아닙니다. 얼마 전에 프루스Bolesław Prus의 《연대기들》 출판 100주년을 준비하던 샌들러Samuel Sandler는 100년 전에 쓰여진 이 단편에 대해 이렇게 지적했습니다.

종교는 가장 위대한 보물, 문명의 가장 강력한 모터로 함양되어야 한다. 하지만 현양되어야 하는 것은 진정한 종교, 즉 죽은 텍스트들이 아니라 살아 있는 감정들과 유용한 행위들이다. 진정한 종교는 의지에는 힘을, 가슴에는 평화를, 지성에는 날개를 마련해준다. 이단 심문소 대신 그것은 관용을 대변한다. 분열 대신 공감을, 저주 대신 축복을 대변한다. 그것은 상이한 신앙을 가진 사람들을 박해하지 않는다. 상이한 신조는 그저 한 분의 하느님에게 이르기 위한 다양한 경로일 뿐임을 이해하기 때문이다. 그것은 과학과 논쟁을 벌이지 않는다. 조만간 과학이 신앙의 가장 중요한 진리들을 확인해줄 것임을 의심하지 않기 때문이다.[20]

제가 기억하는 한 프루스는 특히 신앙심이 깊지 않았으며, 인간의 행복의 원천을 과학과 문명의 발달에서 찾는 경향이 있었습니다. 이 실증주의자가 종교의 가치를 그처럼 현대적인 방식으로 인식했던 것은 이 때문이었습니다. 종교를 다룬 우리 시대의 텍스트들을 읽어본 제 경험으로 미루어볼 때, 이처럼 인정된 종교의 차원들을 논하는 것을 주제로 하는 책들을 보면서 제가 그러한 긴장들을 극복하는 것이 가능하다고 믿기 시작했음을 인정합니다. 글쎄요, 책이라면 그것만으로도 충분합니다. 책이 없더라도 당신이 정확히 상기시킨 대로 우리는 "만약 하느님이 죽는다면 오직 인류와 함께 그렇게 될 것"임을 알기 때문입니다. 그러한 일이 일어나기 전에 그러한 장례식을 연기하는 것처럼 보이는 징후들이 지상에 더 많이 나타나고 있는 현상을 면밀하게 살펴볼 만한 가치가 있을 것입니다.

바우만 비르스키는 슬룹스키에게 말하고, 슬룹스키는 자신이 들은 것을 숙고하고, 당신은 두 사람 말을 경청하며 자신이 들은 것에 대한 성찰로부터 신중한 결론을 끌어낸다는 말씀이군요. 이분들 모두 공자의 극기를 찬양하고, 서로 눈짓하고 있는 쟁점들에 유익하게 화해될 수 없는 문제들은 (적어도 대화가 지속되는 동안에는) 중단하는 그의 예를 따르고 있군요. '진리를 위한 투쟁'이라는 이름으로 널리 알려진 화약통으로부터는 초연한 거리를 둔 채 말이죠. 구체성을 독점하기 위한, 다른 사람들이 맞는다고 생각하는 것을 무시할 수 있는 권리를 위한 투쟁 말입니다.

당신이 말한 것과 같은 그러한 태도는 인간 공동체를 위해 훌륭한 논거를 갖고 있기 때문에 아름답고, 현명하고, 칭찬할 만하다는 것 말고 달리 무슨 할 말이 있을까요? 하지만 얼마나 많은 사람이 바르샤바 대학교 동양학부의 세미나를 듣는지요? 아마 가톨릭교회의 공식 승인을 결여한 모든 것은 사탄에게서 유래한 것이라고 선언한 리드직Rydzyk 신부의 선언에 예민하게 귀를 기울일 사람들 숫자가 약간(약간?!) 더 많을 것입니다. 아니면 〔무슬림의 종교 지도자인〕 무아경 속에서 아야툴라의 주장을 경청할 사람들의 숫자 말입니다. 모든 문장에서 알라는 한분이며 무하마드는 그의 사도임을 상기시키는 물라〔이슬람교 율법학자〕의 교훈을 신성하게 집어삼키면서 말이죠. 하루에 몇 번씩

합창할 때마다, 기도할 때마다 "쉬마 이스라엘, 아도나이 엘로헤즈누 아도나이 에하드〔들으소서, 오 이스라엘이여 우주 하느님, 주님은 한분입니다〕"라는 것을 상기할 사람들 숫자가 말이죠. 그리고 그들은 모두, 숫자가 많은 이들은 모두 경계와 분리를 무너뜨리려는 목적을 갖고, 가다머가 말하는 지평들의 융합이라는 이름 하에 그러한 일을 하는 것이 아니라 경계선들을 한층 더 강화하고 경비대가 한층 경계를 강화하고 거의 찾아볼 수 없는 신자들의 경계선 통과를 줄이기 위한 관심사에서 그렇게 하는 것입니다. 쉽게 말해, 그들은 **세계교회주의**ecumenism보다는 **증오주의**anathemism를 갈망하며 함께함보다는 배제를 추구합니다.

"그러한 긴장들을 극복하는 것이 가능"하다는 당신의 추정이 맞지 않는다는 의미는 아닙니다, 오비렉 선생님(저로서는 "그러한 징후들이 지상에 점점 더 많이 나타나" 그것을 증명해줄지 확신하지 못하지만 말입니다). 긴장을 극복하기 위한 철학적 처방전은 부족하지 않습니다(예를 들어 비일관성에 대한 콜라코프스키의 찬양, 마르카르드의 《원리적인 것들과의 결별》, 벡의 앞서 언급한 코스모폴리탄적 십자군 또는 세네트의 삼항적 공식을 인용할 수 있을 것입니다). 객관적이지만 영원히 만화경적으로 움직이며 가변적인 인간 조건은 우리 지구의 부단한 이산화의 영향 하에 분명히 공자가 상정한 모델(당신 말대로 "초월은 중요하지 않으며 오히려 사람들에게 접근 가능한 것이 중요합니다. 우리가 하는 행동의 결과들을 지금 그리고 이곳에서 경험하는 것이 그것입니다." 그는 초월에 대해서는 거의 말하지 않지만 신앙은 '엄격하게 사적인 일'로 간주합니다. "지혜의 원천이 어떤 신성이 아니라 다른 사람이 되는 것은 놀랄 일이 아닙니다")에 (비록 장애와 저항이 없지 않지만) 접근하고 있습니다. 새로운 조건 속에 놓인 것을 발견하게 되는 사람들은 부드럽게 말해 그것을 깨닫는데(세계에 대해 실용적이고 구체적인 결론들을 끌어내는 것은 두말할 필요 없이 말입니다) 극도로 느리겠지만 말입니다. 의식은 보통 조건의 변화를 따라잡는 데 뒤처집니다. 심지어 인류학자들은 그러한 지체를 가리키기 위한 용어를 갖고 있지요. '문화 지체'가 그것입니다. 의식이 그러한 조건을 따라잡으려면 시간이 필요합니다. 윤곽이 명확히 그려지기 전에는—즉 그것이 정신적으로 '명료화되기' 전에는 새로운 조건을 성찰하기가 어렵습니다. 이 후자의 과제는 '전문적인 사상가'에게 떨어집니다.

졸저 《입법자들과 해석자들Legislators ann Interpreters》에서 미국의 인류학자 라딘Paul Radin을 따라 "원시적 철학자들"로부터 시작해 그들의 복잡다단한 길을 추적해보려고 했습니다. 라딘에 따르면 "원시 사회들"에서 두 가지 일반적 기질을 구분하는 것이 가능합니다. 사제 - 지식인의 기질과 세속인의 기질이 그것입니다. 첫 번째 기질은 행위와 아주 느슨하게만 연결되어 있으며 종교적 현상의 본질을 가늠하는 데 초점을 맞추고, 기질은 무엇보다 실천적 행동과 관련되어 있으며 어떤 의미에서는 첫 번째 기질의 성취들의 파생물이라고 할 수 있습니다. 그처럼 먼 시대에서도—라딘은 1937년에 출간된 《원시 종교: 본성과 기원》이라는 제목의 기본적인 텍스트에서— 오늘날까지 (모든) 종교의 토대로 지속되고 있는 현상을 고찰하고 내용을 기록하고 있습니다. "원시인은 한 가지 것을, 삶의 투쟁들의 불확실성들을 두려워한다."[21] 사제-지식인이 세계의 위험들에 대한 일반적 견해를 끌어내며 그것을 극복하기 위한 구체적인 방식을 끌어내고, 고대뿐만 아니라 최근의 종교적 신앙의 핵심을 확정하는 것은 이처럼 광범위하게 경험되는 불확실성으로부터입니다. 라딘을 읽은 영향 하에서인지는 모르겠지만 종교의 기원과 기능에 대한 그와 아주 유사한 개념이 바흐친에 의해 발전되고 있는데, "우주적 두려움"을 "공식적 두려움"으로 재주조한다는 그의 이론이 그렇습니다.[22] 콜라코프스키의 이론에서도 그것을 찾아볼 수 있는데, 그는 종교의 원천을 인류의 지적·지적 부적합성으로부터 유래하는 두려움에서 찾습니다.

만약 그러한 파악 방식을 받아들인다면 모든 시대의 사제-지식인들로부터 외견상 상충적인 두 가지 발언을 기대하는 것이 합리적입니다. "두려워하라!"와 "두려움을 떨치라!"가 그것입니다. 첫 번째 메시지는 두 번째 메시지의 중요성을 더해줍니다. 같은 이유로 두 번째 메시지가 제공하는 두려움으로부터의 해방에 대한 구체적 처방전에 중요성과 매력을 덧붙여줍니다. 전자의 메시지는 후자에 대해 이미 존재하는 필요를 심화시키지만 그것의 내용을 규정하지는 않습니다. 내용은 다양할 수 있으며 그러해야 합니다. 만약 첫 번째 메시지가 바라타적 종교와 아브라함적 종교를 포함해 모든 형태의 종교에 공통적이라면 두 번째 메시지는 종교의 대다수 변형태들, 그것들 사이의 갈등의 핵심에 존재합니다. 첫 번째 메시지는 잠재적으로 세계 교회주의를 위한 비옥한 토양입니다. 두 번째 메시지는 증오주의적 실천을 위한 부지를 정리합니다. 하지만 저는 그것들이 바벨탑이 저주로부터 축복으로 바뀌는 것을 그려볼 가능성을 배제하는 것은 아니라는 견해에 동의합니다. 바르샤바 대학교의 동양학세미나가 대중화되어 그러한 작업—이것은 인류의 미래에 너무나 필수불가결합니다—을 하기 위한 시도로 모방될 만한 가치가 있다는 데 동의합니다. 두 번째 메시지의 내용은 두 범주로 나뉘는데, 하나는 인류에게 구원적이며 다른 하나는 파국적이며, 하나는 인간의 연대를 양성하며 다른 하나는 적대성과 공격성을 부양하기 때문입니다.

오비렉 좋습니다, 그런 식으로 제 생각에 찬 비를 쏟아 부시는군요. 저희의 대학 엘리트들의 활동의 장점과 필요성을 인정함으로써 약간 온도를 높이고 계시지만 말입니다. 그것의 온기가 한 줌에 불과한 소수의 열성파, 세계의 멀리 떨어진 텍스트에 헌신하는 독자들에게만 미치는 것이 사실입니다. 그들의 숫자는 리드직 신부의 추종자, 진리를 맹렬히 외치는 다른 사람들—이들은 진리를 함께하기 위해서가 아니라 분열을 위해 분투하고 있습니다—의 숫자와 경쟁하지 않습니다. 설교자들, 물라들, 랍비들은 "경계선들을 강화하고 경비대가 경계를 강화하고 이미 거의 찾아볼 수 없는 신자들의 경계선 통과를 한층 더 줄이기 위한 관심사에서 그렇게 하는 것"이라는 당신의 지적은 맞습니다. 그들은 사람들로 하여금 텍스트를 읽으라고 채근하는 철학적 일벌들보다 그들의 말을 들어줄 훨씬 더 많은 귀를 갖고 있습니다. 접점을 찾아내는 것은 차이를 찾아내 조명하는 것보다는 감정적으로 사람의 마음을 빼앗거나 흥미롭지 않습니다. 우리의 대화 중의 하나에서 당신은 차이들의 원천에 대한 바르트의 현명한 고찰을 참고할 것을 지적하셨습니다. 새로운 맥락(서로 급급해하는 '대화론자들'과 '증오주의자들')에서 그것을 다시 한 번 언급할 만한 가치가 있을 것입니다. 당신은 그것에 거의 동의하지 않는 듯이 언급했지만 저에게 그것은 생각을 고무했고 지금도 여전히 그러합니다. 2004년에 바르셀로나의 〈새로운 경계들과 보편적 가치들〉이라는 강연에서 당신은 바르트를 언급하면서 경계들이라는 주제에 대한 그의 말을 인용했습니다. 이렇게 말씀하셨습니다. "경계선들은 차이들을 분리시키기 위해 그어지지 않는다. 정확히 그와 정반대이다. 우리가 적극적으로 차이들을 찾고 차이들의 현존을 날카롭게 인식하게 되는 것은 우리가 경계선들을 그었기 때문이다. 차이는 경계선의 산물, 분리시키는 행동의 산물이다."[23] 그러면서 덧붙였습니다. "먼저 경계선이 그어지고 그런 다음 사람들은 경계선이 이 장소에 그어진 것을 정당화할 방법을 찾기 시작한다. 그 다음에야 경계선 양쪽에 놓인 차이들이 주목된다. 그러한 차이들의 중요성은 한층 더 커지는데, 경계선을 정당화하고 그것을 손대지 않고 그대로 두어야 하는 이유를 설명해주기 때문이다."[24] 다시 말해 지식인의 기능은—라딘을 따라 실천적 인간으로 그를 간주하던 아니면 오직 이념의 세계에 봉사하는 종교적 인간으로 바라보던—타자들의 행위를 정당화하는 것이기에 이릅니다. 정치가, 종교 지도자, 세계의 다른 지배자들이 그들입니다. 당신이 언급한 콜라코프스키나 벡, 세네트, 바흐친과 라블레처럼 새로운 방향을 열어나가려는 고독한 방랑자들도 있지만 말이죠. 그들은 사물을 보는 습관적인 방식에서 깨어나도록 만들며, 이 세계의 복잡성들을 새롭게 이해하는 방식을 받아들이도록 만듭니다. 그들 각자에 고유한 방식으로 말이죠. 그들은 각기 다른 도전을 극복해야 했습니다. 그들은 저와 아주 가까운 사람들입니다. 저는 그들과 친화성을 느끼며, 큰 빚을 지고 있는 느낌을 갖고 있습니다. 그들의 성찰들을 곱씹다보면 저의 성찰은 집단적 본능을 위한 것이 아니라 저의 실존의 의미와 씨름하기 위한 것이라는 생각이 듭니다.

당신이 앞서 언급한 경고들을 무시하지 않도록 노력해야겠습니다. 그것들은 합리적이며 정당합니다. 몇 년 동안 저에게 강한 관심을 표명하고 있는 한 저자를 당신에게 소개해드리고 싶습니다. 탈무드와 히브리《성경》의 뛰어난 학자인데, 최근 몇 년간 기독교와 기독교적 세계관에 관심을 기울여왔습니다. 이 저자의 저술들은 바르트가 묘사한 바 있는 경계 넘기의 사례이고, 경계를 넘을 수 있는 방향과 그것의 가능성을 가리킵니다. 보야린Daniel Boyarin(1946~, 미국 출신의 종교사가로 UC 버클리의 탈무드 문화 연구 교수로 재직 중이다)이 그로 나사렛의 예수와 타르수스의 바울은 모두 유대교의 대변인으로 그들의 배움은 이 종교의 틀 안에 있습니다. 저는 그가 오늘날 인류학이 유대교와 기독교를 나누는 것이 얼마나 자의적인지를 설득력 있게 입증했다고 믿습니다. 최신간인《유대인의 복음서들: 예수 그리스도 이야기》에서 보야린은 이렇게 쓰고 있습니다. "기독교인들이 자신들의 종교에 대해 아는 한 가지 것이 있다면 그것은 기독교가 유대교가 아니라는 것이다. 유대인들이 자신들의 종교에 대해 아는 한 가지 것이 있다면 그것은 유대교가 기독교가 아니라는 것이다."[25] 두 종교의 차이에 대한 날카로운 인식은 기원 후 1세기에 경계선들을 긋기 위한 유대인과 기독교인들의 노력의 산물입니다. 이 과제에서는 기독교 신학자들과 랍비들이 가장 적극적이었는데, 그들의 노력이 어떠했는지 그리고 상호 간의 차이를 강조하기 위해 양쪽이 그토록 많은 노력을 쏟아 부은 이유를 찾는 것이 보야린의 주제입니다. 진지하게 그의 책을 검토할 만한 가치가 있습니다. 제 생각으로는 유대인과 기독교인 모두—비종교 세력의 수중에 떨어질 때 종교에 일어나는 일을 이해하고픈 사람이라면 누구나—이 책을 읽어보아야만 합니다. 3장인 '예수는 코셔를 준수했다'에서 한 구절을 인용해보겠습니다.

1세기와 2세기 초에 예수 운동의 이념과 실천의 (전부는 아니더라도) 대부분은 우리가 이 시기의 유대교로 이해하는 것의 이념과 실천의 일부로 이해하는 것이 안전할 수 있다. 삼위일체와 성육신이라는 이념, 그러한 이념의 맹아들은 예수가 무대에 등장해 본인이 그것을 성육화하기 이전부터 유대교도들 사이에서 존재하고 있었다. …… 〈마르코 복음서〉에 따르면 예수는 코셔를 준수했다. 예수는 자신을 토라를 없애버리려는 사람이 아니라 옹호하려는 사람으로 바라보았다. 일부 다른 유대인 지도자들 사이에서는 어떻게 하는 것이 최고로 율법을 잘 지키는 것인지를 둘러싸고 논란이 있었지만 율법을 지킬 것인지 말 것인지에 대해서는 논란도 없었다고 주장하고 싶다. 마르코에 따르면 (마태오는 한층 더 그렇다) 토라의 법과 실천을 포기하기는커녕 예

수는 토라의 독실한 옹호자였다.[26]

보야린의 다른 책 한 권을 더 소개하고 싶은데,《경계선들 유대-기독교의 분할》입니다. 이 책은 두 종교가 서서히 멀어지는 모습을 흥미롭게 논하고 있습니다.[27] 본인도 인정하듯이 "본서에서 나는 유대교와 기독교 사이의 경계선들은 담론적(그리고 너무나 자주 실질적) 폭력, 특히 우리의 본질의 불안정성을 구현하는 이단들을 겨냥한 폭력 행위로부터 역사적으로 구성되어 왔음을 보여주려고 한다."[28] 이 경계선들이 어떻게 그어지게 되었는지를 규정하고 그러한 과제의 기본적인 설계자들을 찾아내는 것이《경계선들》의 기본 목표입니다. 만약 기독교의 원천을 주의 깊게 살펴본다면 기독교는 맨 처음부터 자신의 정체성을 찾아내는 데 깊은 관심을 갖고 있었으며, 그것에 기여한 가장 중요한 교훈은 '이단-론' 또는 이단과 이단자들을 찾아낼 수 있는 능력이었음이 분명하게 드러납니다. 그것의 핵심은 분할, '내적'으로 또는 정통성—물론 이것은 기독교 신학자들 자신에 의해 범위가 정해지지요—이라는 틀 내에 맞지 않는 기독교인들에 대한 낙인으로 이어집니다. 이단자들의 중요한 부분은 "유대인, 보다 정확하게는 유대교로 개종한 사람들"이었습니다. 그들은 잡종 또는 초기 교부 중의 하나인 안티오크의 이그나티우스가 부른 바에 따르면 '괴물'의 전형으로 간주되었습니다. 그의 말을 들어봅시다. "예수 그리스도를 입에 올리면서도 유대교를 실천하는 것은 언어도단이다."[29] 민$_{min}$이라고 불리는 부정하고, 오염된 잡종들 또는 점점 더 미움과 증오의 대상이 되는 기독교에 접근하고 있다고 생각되는 모든 사람에 대해 쓸 때 랍비들도 그와 유사한 반응을 보였습니다. 보야린의 견해에 따르면 경계선들은 담론적 폭력을 통해(그리고 종종 물리적 폭력을 통해) 역사적으로 구성된 것이며, 경계를 정하는 과정은 양쪽 모두에게 고통을 초래했습니다. 그렇게 그어진 경계선들의 주요한 요소 중의 하나는 정통이라는 개념으로, 이단이라는 개념은 이와 긴밀하게 관련되어 있었습니다. 이 둘 모두 정통성의 문을 수호하는 '이단론 – 학자들'에 의해 창조되고 묘사되었습니다. 유대교와 기독교 사이의 차이들을 명확히 하는 것을 목표로 하는 교부들과 랍비들 모두의 노력에서는 이단학이 핵심적 역할을 했습니다. 다시 말해 유대교와 기독교는 특수한 요구들을 충족키기 위해 고안된 이데올로기적 구성물이었습니다. 그러한 요구가 종교적인 것이었는지 저로서는 잘 모르겠습니다.

보야린은 비르스키, 슬룹스키와 함께 바벨의 저주를 물리치기 위해 싸우는 고독한 투사들의 운명을 공유하게 될까요? 그것은 말하기 어렵습니다. 그러한 일이 일어날 것임을 가리키는 징후들이 더 많아지는 것은 아닌가 걱정되지만 말입니다. 그렇게 해서 다시 한 번 비관주의로 돌아가게 되는 셈이지만 그렇지 않음을 확인해주는 사건들에 의해 결국 그것을 물리칠 수 있으리라고 믿습니다.

바우만 몇 년 전에《현대성과 모호성Modernity and Ambivalence》에서 그러한 문제들을 해결해보려고 애써보았습니다. 갈등의 양측이 가까워질수록 그만큼 더 맹렬하게 싸울 것이라는 결론에 이르렀습니다(우리는 더글라스Mary Douglas의《순수함과 위험Purity and Danger》, 리치의 논문들을 지지대 삼아 이야기한 바 있습니다). 이단들은 이교도들보다, 개혁을 요구하는 자들은 비신자들보다, 암약하고 있는 추종자들은 모든 가면을 벗어던진 적수들보다 더 흉측한 적입니다. '유대교로 개종한 자들'은 유대인을 자인하는 자들보다 위협적이라는 당신의 지적은 얼마나 정곡을 찌르고 있는지요. 안티오크의 이그나티우스는 자기가 무슨 말을 하고 있는지를 너무나 잘 알고 있었습니다. 올바른 세계관과 정체성을 가장 크게 위협하기 때문에 가장 용납할 수 없는 사람은 양다리를 걸치고 앉아 차이보다는 비슷한 점을 찾으며 경계선을 임시적인 것으로 간주하고 방어벽과 참호가 있어야 할 곳에 다리를 놓으려는 자들입니다(이들은 무수히 많습니다!). 이들은 마치 꾸짖거나 폄하하는 듯이 '동조자들'이라 불리는데, 그들의 운명은 추방 아니면 사형선고입니다. 제 생각으로 보야린의 추론은 요새화된 신전의 수호자들에게는 단호하게, 공공연하게 공격적인 적대적 원리의 대변자들보다 훨씬 더 야비하고 받아들일 수 없는 것입니다. 전자는 세계 질서의 순수성과 정체성의 불굴성이라는 관점의 수호자를 자임합니다. 전자는 그것을 희석시키고 약화시킵니다. 전자는 경계 태세를 조장합니다. 전자는 소강상태에 이르도록 합니다. 궁극적으로 전자는 이 쟁점에 무게를 더하는 반면 후자는 약화시키거나 정도를 낮춥니다. 모호성은 경계선의 적입니다. 모호성에 맞서 싸우기 위해 경계선이 그려지고, 요새화되고, 완전 무장한 경비병들이 배치됩니다. 시야에서 쫓아내거나 망각 속으로 몰아넣기 전에 이 모호성으로부터 독을 빼내기 위해서 말입니다.

예수와 마리아는 유대인이었습니다. 감추거나 부정될 수 없는 사실입니다. "예수 그리스도를 입에 올리면서도 유대교를 실천하는 것은 언어도단"이라고 선언함으로써 그러한 사실로부터 의미를 빼앗으려고 시도해볼 수 있는데, 반드시 성공을 거두지 못하는 것은 아닙니다. 유대교적 관행들을 계속하기로 결심한 유대인들이 그리스도가 십자가에 매달리게 하도록 만든 후 두 가지 활동을 화해시키는 것을 불가능하게 만들었습니다. 참을 수 없는, 모호성을 낳는 '그리고 …… 그리고'의 괴물들/잡종들/돌연변이들이 '이것 아니면 …… 저것'으로, 변별적 속성을 가진 순종으로 대체되는 것은 이 때문입니다. 그러한 절차는 협상의 종결을 알립니다. 그리고 더 이상의 협상을 무의미한 것으로 만듭니다.

세계의 다중심적, 다언어적, 다신론적 상태를 고려해볼 때 당신이 보야린의 주장들에 거는 희망을 제가 공유하기는 힘듭니다. 그의 주장들은 자신의 주권을 지키는 유일신론들 또는 교회들의 화해로 이어지지는 않을 것입니다(그것들이 "종교적 필요"에서 그렇게 할지 여부에 대해서는 당신만큼 미심쩍어하고 있습니다). 보야린의 추론 방식(유사성과 수렴을 추구하는 뿌리 깊은 방향을 향하고 있습니다)은 필연적으로 두 주인공의 독립적 정체성을 의문시하는 방향으로 향하게 됩니다. 그것이 양쪽 모두에 의해 단호하고, 격분한 채 일축될 것임을 예상할 수 있습니다. 보야린은 당신이 읽은 바에 따르면 모호성―양측은 이것을 내쫓기 위해 수세기 동안 애써왔습니다―이라는 괴물을 망명 상태로부터 다시 불러들여 양쪽의 자기 규정과 자기 결정을 이 모호성에 의존하도록 만들려고 하는 것처럼 보입니다. 마찬가지 이유에서 보야린은 주권과 (폴 리쾨르의 구분을 빌리자면) 정체성의 '자기성ipséité'과 '동일성mêmeté' 모두의 안정성을 보장해줄 수 있으리라는 희망에 거는 노력을 무효로 하고 있습니다.

앞 절에서 나오는 것과 동일한 이유에서 저는 그와는 다른 방향들에 거는 분투들에 더 큰 희망을 겁니다. 정체성의 상호 수정을 피하기 위해 더 긴 우회로를 거치는 것에 말입니다.― 자기 규정에 대한 존중, 동기들(상황에서 유래하는 필연성들)에 대한 이해를 통하는 길이 그것입니다. 이것은 반드시 동기들에 대한 동의를 필요로 하지 않습니다. 디아스포라들로 나뉜 세계 속에서의 휴머니즘에 대한 삼항적 공식들을 만들 때 감지했던 것과 비슷한 어떤 것, 디아스포라들의 집단적 충성을 배양하는 '입헌적 애국주의'를 확대하려는 하버마스의 사상 등이 그것입니다. 실용적 관점에서 볼 때 그러한 경로가 양식 있을 뿐만 아니라 도덕적으로도 건전하다고 생각합니다. 타자에 대한 도덕적 책임은 (일부 상황에서는 그리고 주로!) 자기결정에 대한 책임과 자기가 선택하는 정체성에 대한 인정을 포함하기 때문입니다. 레비나스는 이에 동의할 것입니다.

요약해 봅시다. 저는 분쟁을 빚고 있는 교회들과 그들의 회중들로 하여금 이렇게 설득하려는 노력을 선호합니다. 하느님은 한분이라는 확신으로부터 하느님을 다양한 방식으로 상상할 수는 없으며 그분을 다양한 방식으로 섬기는 것이 불가능하다는 논리가 나오는 것은 아니라는 원리를 받아들여야 합니다. (인간적 관계들의 논리에 따라) 이 원리를 받아들이면 지금처럼 하느님을 흥정과 강탈의 대상으로 만드는 대신 그들이 섬기는 하느님에게 영광과 권능을 드리게 된다고 설득하려는 노력을 말이죠.

치유 불가능할 정도로 다신론적으로 된 세계에서 유일신론들의 공존을 위한 이보다 더 휴머니즘적인 처방을 발견할 수 있을까요?!

7

신인가 신들인가?

다신론의 부드러운 얼굴

오비렉 처방전을 발견하기는 어렵습니다. 과거에 제안된 처방전들은 특별히 성공적이지 않았던 것처럼 보입니다. 서둘러 새로운 처방전을 제안할 생각은 없습니다. 물과 불을 화해시키려고 했던 처방전들을 기억하는 것은, 그처럼 다양한 시도를 숙지하는 것은 나름대로 가치가 있을 수도 있지만 말입니다. 그것에 대해 몇 마디 하기 전에 당신은 제 풍선을 터뜨리고, 교전 중인 양측을 화해시키려는 시도가 가진 결점들을 간파함으로써 제 영웅 보야린의 어두운 측면을 드러냈다는 점은 인정하고 싶습니다. 내키지는 않지만 그의 주장이 격한 감정을 불러일으킨다는 점을 인정하지 않을 수가 없군요. 말을 돌려 할 필요가 있을까요? 그는 사람들을 격앙시킬 것이며, 기독교도든 유대교도든 팬을 발견할 것 같지 않습니다. 반대로 일부는 그를 비밀 기독교도로, 다른 일부는 그를 유대교 내의 제5열로 간주할 것이며, 어떤 설명도 도움이 안 될 것입니다. 예수에 대한 그의 마지막 저서는 특히 혹평을 얻었는데, 그것은 다른 전문적 학술연구의 파생물이며 독창적인 부분은 정확함과는 거리가 멀다는 주장이었습니다. 저는 그처럼 악의적인 판단에 동의하지 않으며 보야린이 온갖 종류의 이단에 대해 확고하게 학계에 자리 잡은 전문가들의 적극적인 자존감을 침해한 용감한 사람이라고 생각합니다.

공공연하게 다신론을 주창한 학자들도 비슷한 운명을 맞

이했습니다. 저는 다른 맥락에서 이미 그를 참조하며 고대 이집트부터 현재까지 이어진 문화적 기억에 대한 그의 통찰력 있는 분석들을 칭찬한 바 있습니다. 물론 야스만 이야기인데, 모세 시대의 이집트인들에 대한 그의 저서들은 다신론에 기회가 있었음을 알아채며, 유일신론의 도입이 가져온 참혹한 결과들을 지적하며 그것을 '모세적 구분'과 연결시키고 있습니다. 그는 그러한 구분이 지은 가장 큰 죄는 한 분의 하느님을 다른 신들로 '번역하는 것'을 불가능하게 만든 것으로 간주합니다. 한 분의 하느님의 질투심 많은 유일성은 다른 신들을 비존재까지는 아니더라고 일시적이고 부단히 위협 받는 존재로 만들어버립니다. 전례없는 새로운 생각이 가져온 비극적 결과는 그것이 한 문명으로부터 다른 문명으로의 사상과 신들의 자유로운 흐름을 끝장내버린 방식에서 유래합니다. (반드시 종교적이지 않은) 가능성들에 따라 다양한 신이 영혼과 정신을 지배했습니다. 이한 분의 신은 어떤 거래나 번역에도 참가할 생각이 없었습니다. 이 새로운 하느님은 근본적 새로움을 대변했습니다. 그는 한 방향으로 나갈 것을 제안했으며 그와 관련해서 어떠한 협상도 불가능했습니다. 아스만이 장문의 설득력 있는 발표문들에서 입증한 대로 다신론은 자연사하지 않았습니다. 기독교 유럽에서도 마찬가지인데 특히 르네상스, 스피노자의 철학, 계몽주의에서 분명히 그것의 사례를 볼 수 있습니다. 근대에는 프로이트가 구원에 나서 유대인들에게서 유일신론을 도입했다는 비난을 없애주려고 합니다. 비록 아스만은 자신은 신학자가 아니라 이집트학자이자 인류학자 입장에서 글을 쓰는 것이라고 설명하지만 유일신론의 옹호자들의 공격을 받을 때 그것은 도움이 되지 않습니다. 그들은 이 대담한 학자에게 비난과 비판을 퍼붓고 있습니다.

간단히 말해 그의 명제는 이 저자가 유일신론을 도입해야 하는 대가로 인류가 지불해야 했던 대가에 초점을 맞춘 책—그리하여 그는 이전과 동일한 질문들로 돌아가게 됩니다—을 써야겠다고 느낄 정도로 격렬한 반대를 불러왔습니다. 추측할 수 있듯이 그는 유일신론자들을 납득시키지 못했을 뿐만 아니라 격노하게 만들었습니다. 이 경우 누가 옳은지를 판단하는 것은 제몫이 아닙니다. 우리가 매우 좋아하는 콜라코프스키의 지혜를 다시 한 번 들려주고 싶은데, 그는 중요한 것은 갈등의 해결이 아니라 양측의 존재로 그것이 문화에 활기를 더해준다고, 상호 배제적인 양측이라도 마찬가지라고 말한 바 있습니다. 제 생각에 그는 그것과 관련해 기억할 가치가 있을 뿐만 아니라 대화의 맥락에서도 참조할 만한 가치가 있는 흥미로운 증거를 충분히 수집해 두었습니다. 아스만의 명제를 비판하는 목소리 중에서 라칭거Joseph Ratzinger를 언급해야만 하는데, 그는 이단의 흔적을 열광적으로 추적하고 있었습니다.[1] 2005년에 교황으로 선출된 것은 그가 교회만이 유일하게 진리를 주장할 수 있다는 입장을 효과적으로 지켜왔기 때문입니다. 라칭거에게 다신론에 대한 옹호는 귀찮은 역사적 진실이었습니다. 그가 보기에─아마 그만 그런 것은 아니었을 것입니다─종교적 인간들 사이에 분쟁을 촉발한 것은 유일신론이 아니며 끝없는 경쟁을 초래한 것은 다신론으로, 추종자들로 하여금 계속해서 "상대방에게 자신의 천상의 존재들의 우월성을 설득시킬 것"을 촉구하는 다수의 신들은 물리적 폭력과 반대를 불러온다는 것입니다. 그의 주장에서 가장 중요한 것은 유일신론, 특히 예수 그리스도를 통해 나타난 유일신론이 가장 참된 진리이며, 다른 모든 종교는 단지 불분명한 흔적들이라는 것입니다. 라칭거가 2000년에 선포한 〈주님이신 예수님Dominus Iesus〉이라는 자의교서에서 그것의 반향을 느끼는데, "예수 그리스도와 교회의 하나임과 구원의 보편성에 관한" 진리를 선언하고 있습니다. 가톨릭 신자들에게 이 주장에 새로운 것은 하나도 없습니다. 하지만 과거를 바라보는 다른 방식들을 결연하게 반대하는 사실 자체가 유일신론의 강함이 아니라 약함에 대한 증거입니다. 다신론 지지자들은 유일신론적 적수들과 싸우고 싶지 않기 때문입니다. 그들은 존재할 수 있는 권리와 자신의 종교적 견해를 표현할 권리를 요구합니다. 그것은 너무 많은 것을 요구하는 것일까요? 도대체 그게 누구에게 해가 되겠습니까? 하느님은 아니겠지요? 무신론자들과는 무슨 상관이겠습니까? 그들에게는 다신론도 또 유일신론도 아무런 매력이 없는데 말입니다. 이 문제를 바라볼 수 있는 새로운 방식이 필요해 보이지만 어떻게 그것을 바라보아야 할까요?

가장 좋은 것은 가장 나중의 것으로 남겨두었습니다. 점점 더 큰 환호를 받고 있는 목소리와 명제가 그것입니다. 제 미국 친구 중의 하나로 베트남계의 뛰어난 신학자인 판Peter C. Phan이 그입니다. 그는 워싱턴의 예수회 대학인 조지타운 대학교에서 강의하고 있는데, 여러 종교들을 존중하고 경외하는 것이 가능함을 주장해오고 있습니다. 그것이 가톨릭교회를 따르는 것과 결코 모순되지 않는다고 주장합니다. 저는 그의 저서에 의존합니다. 아시아는 종교가 평화롭게 공존할 수 있음을 보여주는 증거이기 때문입니다.[2] 아시아인들에게 종교적 차이를 이유로 서로를 공격하도록 가르친 것은 서구(특히 기독교와 이슬람)의 침입이었습니다. 인도인이 자신들의 신들과 함께 마리아와 요셉의 상을 익숙한 제단에 공손하게 모시는 모습을 보고 질겁하는 기독교 선교사들의 경험을 잘 알고 있습니다. 인도인들은 그렇게 하는 데 아무런 문제도 없다고 봅니다. 그들은 신들이 다르다는 사실을 충분히 존중하는 가운데 그렇게 하고 있습니다. 오늘날 인도는 사태가 달라졌습니다. 아시아가 뿌리로 돌아가 공자의 이상을 떠올릴지 누가 알겠습니까만 말이죠. 저는 그러한 방향에 큰 희망을 갖고, 위험이 아니라 가능하다는 느낌을 갖고 바라봅니다.

바우만 우리는 다시 의견이 일치하는군요. 불가피하게(각자가 처한 상황과 제약요소가 특이하기에 의해 어쩔 수 없이) ─ '악마의 변호인〔열띤 논의가 이뤄지도록 반대 입장을 취하는 사람〕역할을 한 후에 말이죠. 명백히 다르지만 상보적인 두 악마의 변호인 역할을 말입니다. 두 가지 상이한 모습으로 육화되었지만 힘을 합쳐 하나의 악마를 돕고 있는 두 악마 말이죠.

우리는 모두 종교의 다양성을 인류의 하나됨과 화해시키려는 바람에 이끌려 대담을 시작했습니다. 보편적으로 공유할 수 있는 인간적 이익을 위해 인류가 가진 역설에 대한 실천적 해결책을 발견하거나 만들어내는 것이 그것입니다. 인류는 같은 운명을 살도록 선고받았지만 지각하고 경험하는 방식은 다양합니다. 우리는 덫과 매복자들의 목록과 지도를 수집해 그렇게 하는 쪽으로 마음이 끌렸는데, 그렇게 발견된 해결책은 그것들로 포위될 수밖에 없습니다. 그것들이 없어지기 바라거나 논의를 통해 일소하거나 마법으로 쫓아버릴 수는 없었기 때문에 그것들을 피해나갈 수 있는 가능성을 키워보려고 해보았습니다. 당신의 안내로 피터 판에 이르렀습니다. 유럽에서 먼 아시아의 여러 지역에서 오늘날까지 여전히 살아남은 해결책들, 로마제국의 영역—다인종적이고 다종교적이며 다언어적 인간 집단들 사이에서 장수한 기록을 보유하고 있지요—에서 오랜 전에 실천되었던 해결책들에 말입니다. 기번Edward Gibbon은 《로마제국 흥망사》에서 기독교를 유일하고 의무적인 국가 종교로 선포한 것을 인종, 종족, 문화가 수세기 동안 평화롭게 공존해온 체제가, 즉 로마제국이 몰락하게 된 원인으로 적시합니다. 이것이 지속된 이유 중의 하나(다른 무엇보다 가장 중요한 것이라고 주장할 수 있는 것)는 하드리아누스의 장벽과 페르시아 국경선 사이의 모든 가정에 수호신을 모시는 것을 허용해주었으며, 모든 가정이 제국 전체의 판테온에서 아무 신이나 숭배해도 상관이 없었던 데 있었습니다.

아렌트는 "'어둠의 시대'는 새롭지 않을 뿐만 아니라 역사에서 희귀한 것도 아니다" 말했지요.[3] 아렌트가 하이데거의 용어를 빌려 지적하는 대로 "공중의 빛이 모든 것을 흐리는 일das Licht der Öffentlichkeit verdunkelt alles"이 종종 일어납니다. "불빛은 이론이나 개념이 아니라 일부 남녀가 살며 일하는 동안 거의 모든 상황에서 켜게 되는 불확실하고, 막 꺼질 것 같은 아주 약한 빛에서 나올 것이다."[4] 이러한 의미에서 우리는 다시 한 번 '어둠의 시대'를 살고 있습니다. 아렌트는 독일 계몽주의의 선구자인 레싱을 '어둠의 시대'의 철학자의 전형으로 간주했습니다. 그 이유 중 한 가지는 그녀가 "타인들에게 열려 있음"을 휴머니즘의 기본적인 요구 조건으로 간주하는 데서 찾을 수 있었습니다. "인간적인 대화는 다른 사람이 느끼는 즐거움, 그가 말하는 것으로 완전히 가득 차 있다는 점에서 단순한 객설이나 논의와는 다르다."[5] 다른 이유는 그녀가 사회에 해악을 끼치는 사람은—실제로 레싱 본인이 한 대로—"구름을 흩기보다는 만들기 위해 더 많이 수고하는 사람들"이 아니라 "모든 사람의 사고방식을 자신의 사고방식의 멍에에 종속시키길 바라는"[6] 사람이라고 확신한 데서 찾을 수 있습니다. 아렌트는 이렇게 씁니다. "레싱의 사상은 플라톤에게서처럼 '나와 나 자신' 사이의 대화가 아니라 '타자들과의 대화의 예견'입니다. '어떤 기둥과 받침대도 필요(그것은 전형적으로 정치 체제의 기둥이자 강압의 받침대임이 드러납니다)로 하지 않는 유형의' 사상이다."[7] 하지만 레싱을 "어둠의 시대"의 원형적 "철학자"로 명시하는 주요한 이유는 그가 철학자들을—적어도 파르메니데스와 플라톤 이래—괴롭혀온 것들을 반색하는 데 있습니다.

진리는 일단 입 밖에 내자마자 여러 의견 중의 하나로 변형되며, 논쟁의 대상이 되어 재정식화되며, 다른 많은 담화 중의 하나의 주제로 축소된다. 레싱의 위대함은 인간 세계에는 단일한 진리만 존재할 수 없다는 이론적 통찰뿐만 아니라 그것은 존재하지 않으며, 인간들 사이의 부단한 대화는 인간이 존재하

는 한 결코 멈추지 않으리라는 사실을 기꺼이 받아들이는 데 있다.[8]

레싱에게 논쟁의 종말은 인간성의 종말에 버금가는 것일 것입니다. (아렌트도 완전한 동의하는 바입니다) 인간 존재에게서 창조적인—이것은 인간의 본성에 자리 잡고 있으며 양도 불가능한 본성을 이룹니다—모든 것은 인간의 다양성에 뿌리를 두고 있습니다. 형제가 형제를 죽이는 것은 인간의 다양성 때문이 아닙니다. 다양성을 거부하고 어떤 대가를 치르더라도 자신의 방식을 고수하려는 고집이 그것을 불러옵니다. 인간들 사이의 평화, 연대, 호의적 협력의 예비 조건은 인간적일 수 있는 방식은 다양하다는 데 동의하고 그러한 다수성이 요구하는 공존 모델을 기꺼이 받아들이는 데 있습니다.

제게는 아주 개안적인 대화의 마지막 말은 당신에게, 이전까지는 그저 전해들은 말로만 알고 있던 영역을 틀림없는 발걸음으로 안내해준 당신에게 미루겠습니다. …… 대화하면서 당신이 어떤 식으로 도전적인 논의를 전개할지를 기다렸듯이 어떤 말씀을 하실지 벌써 기다려지는군요.

오비렉 바우만 선생님, 크라쿠프의 회의하는 토마스의 골목에서 처음 만났을 때를 기억하십니까? 당신을 설득해 계간지 《영적 삶》에 '비신자들은 무엇을 믿는가?'라는 에세이를 청탁드렸습니다. "중요한 점은 사람들이 영원한 가치에 대한 믿음[신앙]을 잃고 있는 것, 지나가는 순간의 지평을 넘어서고 있는 것이 아니다. 오히려 문제는 **영원이 시장 – 소비주의 세계의 보통 시민에게는 더 이상 가치를 갖지 않는 것이다.**[9] 그 다음 이렇게 덧붙이지요.

사람들은 부나방처럼 덧없는 행위와 성취의 바스러지는 광석들로부터 어떻게 영원이라는 귀금속을 만들지를 걱정한다. 이 영원한 투쟁을 일부는 '문화'라고 부르고 다른 일부는 추상적으로 '초월'이라고 부르지만 같은 것을 낳게 된다. 모든 문화는 추종자들이 자신들에게 닥친 필멸의 존재들의 운명을 극복하는 데 타고 오를 사다리를 만드느라 바쁘다. 우리에게 알려진 모든 문화는 연금술사들의 작업장으로, 덧없음은 영원한 존재로 새롭게 상상된다. 우리 시대의 문화, 즉 시장 소비주의 문화처럼 유동성을 문화의 절정으로 만들며 즉각적 소비에 맞지 않은 것은 모두 무가치한 것으로 일축하는 문화는 결코 존재해본 적이 없다.[10]

이글은 계간지의 많은 독자의 중요한 참조점이 되었습니다. 비신자의 글을 실었다며 비난한 사람들도 있었지만 말입니다. 볼

렌스키Jan Woleński, 글로빈스키Michał Głowiński, 렘의 핵심적 목소리만 언급하겠습니다. 그들은 《무엇이 우리를 연결하는가? 비신자들과의 대화》라는 선집에 참여했습니다. 서문에서 콜라코프스키는 이렇게 쓸 수 있었습니다. "신앙과 비신앙이 맞서야 문명화가 이루어질 뿐만 아니라 다른 쪽을 이해하고픈 지적 욕망이 전반적으로 퍼져나가게 된다."[11]

개인적으로 저에게 이 경험은 유럽의 지도자들이 모인 한 회의에서 강연을 할, 당신의 글들이 요한 바오로 2세의 글들과 나란히 실린 책에 글을 한편 실을 수 있는 구실이 되었습니다. 텍스트의 일부를 소개해보겠습니다. 아직 타당성을 잃지 않은 것처럼 보이기 때문입니다.

내적 진리의 일관된 발달과 그에 대한 충성을 지적하고 싶다. 하나는 2003년에 교황이 발표한 《유럽의 교회》라는 '교황 권고'이며 다른 하나는 2005년에 출간된 《유럽: 미완의 모험》이라는 책이다. 전자는 유럽, 유럽의 기독교적 유산에 대한 요한 바오로 2세의 관심을 종합하고 있다. 후자는 수천 년 동안 세계 문명의 발달을 대변해온 유럽 대륙의 예측 불가능성에 대한 재치 있는 성찰이다. 이러한 병치가 과연 적절한지에 대해 의문을 제기할 수도 있을 것이다. 요한 바오로 2세의 성찰들은 분명하게 묘사된 기독교 전통으로부터 나오는 반면 바우만의 생각은 하나의 원천으로 소급될 수 없다. 확실성들에 대해서 계획적으로 혐오감을 갖고 있다고 말할 수 있을 정도이다. 두 사람을 하나로 결합시키는 유일한 것은 빈자에 대한 관심뿐이다. 이건 너무 적을까 아니면 너무 많을까? 바우만은 사회적 형성물들이 가진 아포리아를 극복하기 위해 평생을 바쳤으며 사회주의적 감수성에서 대답을 발견한 바 있다. 아주 어릴 적부터 보이티야 Karol Wojtyla〔요한 바오로 2세의 본명〕는 종교가 인간의 마음의 불안에 대한 가장 적합한 대답이라고 믿었다. 공통분모—빈곤에 대한 감수성—를 찾는 몸짓을 한다고 해서 내가 교황이 사회주의자라거나 바우만이 종교적 사상가라고 암시하려는 것은 아니다. 상이한 출발점이 반드시 만남의 불가능성을 의미할 필요는 없다는 점을 분명히하고 싶다. 나는 진정한 삶을 위한 한 가지 기준은 "여기 있는 형제 중 가장 보잘 것 없는 사람"에 대한 관심이라는 〈마태오 복음서〉의 25장 40절의 말씀에 따라 감히 두 분을 나란히 놓고 싶다.[12]

저희는 이보다 훨씬 전에 의견의 일치를 볼 수 있었으며, 이태가 가능하다는 것을 서로를 설득하고 서로에게 설명하기 위한 우리의 시도를 보다 이른 시기의, 잠정적인 시도가 연속된 것으로 생각합니다. 이번에 더 많은 것을 말하는 데 성공하지 않았습니까? 그에 대해 우리가 왈가왈부할 바가 아닐 것입니다. 저로서는 당신의 반응과 대답을 꼼꼼히 살펴볼 수 있었던 것은 지적 자극이었을 뿐만 아니라 큰 영예이자 지적 향연이었다고 말씀드릴 수 있습니다. 제 생각을 현실로 되돌아올 수 있도록 해주고, 맹점을 지적해주고, 직접적으로는 덜 보이는 다른 방향으로 나가라고 충고해주신 점 감사드립니다.

오랫동안 저는 신학은 과학들로부터 배울 것이 많다고 확신해왔습니다. 과학들은, 특히 폴란드에서 아주 망설이며 하느님에 대한 연구는 과학의 도움을 받으면 큰 혜택을 입을 가능성이 있다고 암시해왔습니다. 저는 우리의 의견이 수렴되는 지점을, 두 장이 겹치는 열린 지면을 가리키는 데 성공했다는 잠정적인 희망을 갖고 있습니다. 우리가 신학자나 과학자들에게 해를 끼쳤다고는 믿지 않습니다. 여기서 로마제국 당시 은퇴하는 상원의원들이 했던 말을 반복해도 큰 무리가 되거나 하지는 않을 것입니다. "내가 할 수 있는 것을 했으니, 더 잘할 수 있는 이가 하도록 해라*feci, quod potui, faciant meliora potentes*." 렘이 이 말을 비석에 새겨달라는 지침을 남긴 점으로 미루어보아 우리가 그의 사고방식과 연결되어 있다는 느낌이 드는 것은 결코 저희의 체면이 손상되거나 하는 일을 아닐 것입니다.

결론 - 결론 없는 결론

오비렉 저는 이 텍스트를 결론 없이 열린 채로 놔둘 것입니다. 바라기로는 결론의 그러한 결여가 이 책의 가치에 대해 말해줄 것이기 때문입니다. 개인적으로 주요한 문제는 결국 다신론과 유일신론을 화해시킬 가능성이 아니라 두 형태의 신앙 모두 세상 내에서 인간의 위치를 묘사하기 위한 노력일 뿐이라는 사실을 받아들이는 것으로 요약될 수 있을 것이라고 믿습니다. 세계에서 급성장 중인 집단 중의 하나는 '무無족族입니다' 또는 어떤 형태의 종교적 소속에 대한 관심도 결여한 사람들입니다. 이것은 현재의 형태의 소속의 부적당함을 가리키는 것으로 모두에게, 즉 신자뿐만 아니라 비신자 모두에게 좋은 소식입니다. 종교의 역사를 다시 생각해볼만한 가치가 있을 것입니다.

종교에 대한 대화를 함께 나누어주십사 초대하면서 선생님이 저의 낙관론이 옳음을 확인해주시길 바랐습니다. 선생님께 감사드립니다. 쉼 없이 이야기한 느낌입니다. 우리는 어떤 반응을 기대하면서 각자가 나눌 대화를 준비했던 것 같습니다. 바로 이러한 반응이 나온 것은 놀랄 만한 일이기도 했습니다. 우리는 어쩔 수 없이 다를 수도 있었으리라는 느낌을 갖기도 했습니다. 만약 다른 사람 책들을 읽고, 다른 사람들을 만나고, 다른 부분의 역사를 경험했다면 우리의 사유는 의문의 여지

없이 다른 방향으로 나갔을 것입니다. 자의성과 구체적 무시간성에 대한 이러한 인식이 우리가 쓴 글들의 한계들을 설명해주지 않을까요? 그에 대한 판단은 우리 몫이 아니지만 역설적으로 그것이 대화의 힘, 촉매제인 것처럼 보입니다. 그것은 글쓰기를 멈추지 말고 우리의 글을 길 위의 또 다른 정류장으로─그것의 종점은 누구에게도 알려져 있지 않습니다─바라보라는 초대장이라고도 할 수 있을 것입니다. 우리는 존재의 비밀의 날들을 벗겨내는 데 성공한 것일까요? 분명히 그렇지 않을 것입니다. 결과를 두려워하지 말고, 자유로운 사유를 즐길 의지가 없는 사람들이 과연 인정해줄지 하는 걱정은 없이 질문을 던질 수 있었습니다. 일부 사람들은 포스트모던한 유동성과 안정적인 출발점의 결여로부터 벗어날 수 있는 방식을 찾으려고 할 것입니다. 어떤 생각과 관련해 결론이 없는 것이 핵심적인 쟁점들에 대한 성찰을 촉발한다면 우리가 제시한 명제들은 그러한 반응들에서 운 좋은 결론에 이르게 될 것입니다. 우리 자신이 앞으로 이러한 대화를 나누게 될지는 미래에 맡길 문제일 것 같습니다. 저희가 예단할 수는 없겠지요. 우리에게는 불확실성이 남겨졌습니다. 자유와 도덕적 결정의 어머니가 말이죠.

바우만 아멘

주

1장 | 왜 다신론인가?

1   Maciej Zięba, *Nieznane, Niepewne, Niebezpieczne*('Unknown, Unsure, Unsafe').
    PIW: 2011, p. 58. 별다른 표시가 없는 한 번역은 Katarzyna Bartoszynska의 것이다.
    영역자 주: 비록 이 텍스트는 영어로 번역되지 않았지만 이와 유사한 주제를 다루는
    지에바의 다른 저서가 번역되어 있다. Papal Economics: The Catholic Church on
    Democratic Capitalism, from Rerum novarum to Caritas in veritate, ISI Books:
    2013, 특히 결론인 'From Centesimus annus to Caritas in veritate'을 보라
2   Zięba, *Nieznane*, pp. 60~61.
3   Odo Marquard, *Abschied vom Prinzipiellen. Farewell to Matters of Principle:
    Philosophical Studies*, Translated by Robert M. Wallace with the assistance of
    Susan Bernstein and James I. Porter, Oxford University Press: 1989, p. 123.
4   Yochanan Muffs, *The Personhood of God: Biblical Theology, Human Faith and the
    Divine Image*, Woodstock: 2005, p. 99.
5   앞의 책, p. 59.
6   Abraham Joshua Heschel, *God in Search of Man: A Philosophy of Judaism*, Farrar,
    Straus and Giroux: 1976.
7   Muffs, Personhood, p. 69.
8   앞의 책, p. 94.
9   Israel Knohl, *The Divine Symphony: the Bible's Many Voices*, Jewish Publication
    Society: 2003, p. 8.
10 앞의 책, p. 33.
11 앞의 책, p. 143.
12 여기서 나는 주로 아래 텍스트들에 기대 논의를 전개하고 있다. Gershom Scholem,
    Kabbalah, Quadrangle: 1974; *Sabbatai Sevi, The Mystical Messiah*, Princeton
    University Press: 1973; *The Messianic Idea in Judaism*, Allen and Unwin: 1971.
13 Emmanuel Levinas, Nine Talmudic Readings, Indiana University Press: 1990,
    pp. 33~34.

2장 | 이 종교는 어떻습니까? 종교에 그치지 않는 근본주의의 위협에 대해

1   Karen Armstrong, A History of God: *the 4,000-Year Quest of Judaism, Christianity
    and Islam*, Ballantine Books: 1994.
2   Moshe Idel, *Kabbalah*: New Perspectives, Yale University Press: 1990.
3   Moshe Idel, *Messianic Mystics*, Yale University Press: 1998.
4   Idel, *Kabbalah*, p. xvii.

5   Paul Veyne, *L'empire gréco-romain*, Seuil: 2008.

6   Johann Wolfgang von Goethe, *Faust*. Translated by Walter Kaufmann, Anchor Books: 1963, 1막 7장 1699~1700행.

7   Primo Levi, *Survival in Auschwitz*, Translated by Giulio Einaudi, Touchstone Press: 1996, p. 29.

8   Robert Putnam, *Bowling Alone: The Collapse and Revival of American Community*, Simon & Schuster: 2000을 보라.

9   Levinas, *Readings*, p. 47.

10   David Campbell and Robert Putnam, *American Grace: How Religion Divides and Unites Us*, Simon & Schuster: 2010을 보라.

11   Leszek Kołakowski, *Co nas łączy? Dialog z niewierzącymi*('What Connects Us? A Conversation with Non-believers'), WAM: 2002.

3장 | 지식인들

1   J. M. Coetzee, Diary of a Bad Year, Vintage: 2007, p. 83.

2   앞의 책, p. 85.

3   이 책 또한 영어로 번역되어 있지 않다.

4장 | 희망의 원천들

1   Zygmunt Bauman, Roman Kubicki and Anna Zeidler-Janiszewska, *Zycie a kontekstach*('Life in Contexts'). Wydawnictwo Akademickie i Profesjonalne: 2009, pp. 154~155을 보라.

2   J. M. Coetzee, *Diary of a Bad Year*, Vintage: 2007, p. 79를 보라.

3   José Saramago, *The Notebook*, Translated by Amanda Hopkinson and Daniel Hahn, Verso: 2010.

4   Ulrich Beck, *A God of One's Own: Religion's Capacity for Peace and Potential for Violence*, Polity: 2010, p. 156.

5   Odo Marquard, 'In Praise of Polytheism', *in Farewell to Matters of Principle: Philosophical Studies*, Oxford University Press: 1989, 87~110, p. 93.

6   Georg Christoph Lichtenberg, *The Waste Books*, Translated and with an Introduction by R. J. Hollingdale, New York Review Books: 2000, p. 44.

7   Hans-Georg Gadamer, *Truth and Method*. Translation revised by Joel Weinsheimer and Donal G. Marshall, Continuum: 2004, p. 289.

8   앞의 책을 보라.

9   앞의 책, p. 305.

10   Citati, *Israele e l'Isla: le scintille di Dio*('Israel and Islam: Divine Sparks'), Mondadori: 2003을 보라.

11 앞의 책. 번역은 바우만의 것이다.
12 앞의 책. 번역은 바우만의 것이다.
13 앞의 책. 번역은 바우만의 것이다.

5장 | 지평들의 융합

1 Amin Maalouf, *Les Identités meurtrières. In the Name of Identity: Violence and the Need to Belong*, Translated by Barbara Bray, Arcade Publishing: 2000.
2 앞의 책, p. 51.
3 Citati, *Israele e l'Islam: le scintille di Dio*, Mondadori: 2003, pp. 176~177.
4 앞의 책.
5 앞의 책.
6 앞의 책.
7 Joseph Roth, *Collected Shorter Fiction of Joseph Roth*, Translated by Michael Hofmann, Granta Books: 2001, pp. 250, 251.
8 Plato, *The Seventh Letter*, Translated by B. Jowett and J. Harward, Encyclopedia Britannica: 1952.
9 Plato, *Phaedrus*, Translated by Benjamin Jowett. Clarendon Press: 1892, p. 75.
10 앞의 책, p. 76.
11 Wiesław Myśliwski, 'Kres kultury chłopskiej'(The End of Peasant Culture), *Twórczość*('Works'), 4/701(April 2004), p. 53.
12 앞의 책, p. 56.
13 앞의 책, p. 57.

6장 | 새로운 전통 창조하기

1 Jack Goody, *The Logic of Writing and the Organization of Society*, Cambridge University Press: 1986.
2 앞의 책, pp. 102~103.
3 앞의 책, p. 10.
4 앞의 책, pp. 9~10.
5 Jan Assmann, *Cultural Memory and Early Civilization: Writing, Remembrance, and Political Imagination*, Cambridge University Press: 2011, p. 187.
6 앞의 책, p. 4.
7 Zygmunt Bauman, *Legislators and Interpreters: On Modernity, Post-Modernity and Intellectuals*, Polity: 1989.
8 Carlo Ginzburg, *The Cheese and the Worms: the Cosmos of a Sixteenth-century Miller*, Translated by John Tedeschi and Anne Tedeschi, Johns Hopkins University Press: 1992.

9   'Global Inequality and Human Rights: a Cosmopolitan Perspective', in *Future Modernities, Challenges for Cosmopolitan Thought and Practice*, Edited by Michaela Heinleina. Transcript Verlag Bielefeld: 2012, pp. 118~119을 보라.

10   앞의 책.

11   Stephen Greenblatt, *The Swerve: How the World Became Modern*, Norton & Company: 2012.

12   Jean Leclercq, *The Love of Learning and the Desire for God: A Study of Monastic Culture*, Fordham University Press: 1982.

13   Albert Camus, *Essays Lyrical and Critical*, H. Hamilton: 1967, p. 132.

14   Zygmunt Bauman, *This is Not a Diary*, Polity: 2012, p. 2.

15   앞의 책, p. 45.

16   앞의 책, p. 46.

17   앞의 책, p. 94.

18   앞의 책, p. 144.

19   번역은 바우만의 것이다.

20   Bolesław Prus, 'Nasze obecne położenie'('Our Current Situation'), *Kroniki*('Chronicles'), 20, Tyg. Il. 1908, p. 165. 번역은 오비렉의 것이다.

21   Paul Radin, *Primitive Religion: Its Nature and Origin*, Viking: 1937, p. 323.

22   Mikhail Bakhtin, *Rabelais and His World*, MIT Press: 1968을 보라.

23   Zygmunt Bauman, *New Frontiers and Universal Values*, Centre de Cultura Contemporània de Barcelona, 2006, p. 28.

24   앞의 책, p. 29.

25   Daniel Boyarin, *The Jewish Gospels: the Story of Jesus Christ*, The New Press: 2012, p. 1.

26   앞의 책, pp. 102~103.

27   Daniel Boyarin, *Border Lines: the Partition of Judeo-Christianity*, University of Pennsylvania Press: 2006.

28   앞의 책, p. xiv.

29   앞의 책, p. xii

7장 | 신인가 신들인가? 다신론의 부드러운 얼굴

1   Joseph Ratzinger, *Truth and Tolerance: Christian Relief and World Religions*, Ignatius Press: 2004.

2   Peter Phan, *Being Religious Interreligiously: Asian Perspectives on Interfaith Dialogue*, Orbis Books: 2004.

3   Hannah Arendt, *Men in Dark Times*, Mariner Books: 1970, p. ix.

4   앞의 책, p. ix.

5   앞의 책, p. 19.

6   앞의 책, p. 26.

7   앞의 책, p. 10.

8   앞의 책, p. 27.

9   Zygmunt Bauman, 'W co wierzą niewierz ą cy(a są tacy?)'(What Do Non-believers Believe In(and Are There Any?)), in *Co nas łączy? Dialog z niewierzącymi niewierzącymi*('What Connects Us? A Conversation with Non-believers'). WAM: 2002, p. 107.

10   앞의 책.

11   Leszek Kołakowski, 'Wiara dobra, niewiara dobra'('Belief is Good, Non-belief is Good'), in *Co nas łączy?*, p. 13.

12   Stanisław Obirek, 'Dwa oblicza proroctwa. Jan Paweł II i Zygmunt Bauman wobec Europy'('Two Faces of Prophecy: Jan Paweł II and Zygmunt Bauman on Europe'), in *Dokąd zmierza Europa, przywództwo, idee, wartości*('Where is Europe Headed? Leadership, Ideas, Values'). Edited by Halina Taborska and Jan S. Wojciechowski. Pułtusk: 2007, p. 132.

색인

옮긴이

조형준

서울대학교 인문대학 영어영문학과 졸업, 동대학원 수료. 대표적인 역서로는 안토니오 그람시의 《그람시와 함께 읽는 문화: 대중문화/언어학/저널리즘》, 움베르토 에코의 《포스트모던인가 새로운 중세인가》, 프랑코 모레티의 《근대의 서사시: 괴테의 "파우스트"에서 마르케스의 "백년의 고독"까지》, 얀 아르튀스-베르트랑의 《하늘에서 본 지구》(공역)가 있다